Dr. Erich Schmidt
(1897–1952)

100 Jahre
Erich Schmidt Verlag
1924–2024

Bewegliche Konstanten, neue Akzente,
veränderte Gewissheiten

Herausgegeben von Erich Schmidt Verlag GmbH & Co. KG

Bearbeitet von Dr. Joachim Schmidt
und Dr. Kerstin Trillhaase

ERICH SCHMIDT VERLAG

Bibliografische Information der Deutschen Nationalbibliothek
Die Deutsche Nationalbibliothek verzeichnet diese Publikation in der
Deutschen Nationalbibliografie; detaillierte bibliografische Daten sind
im Internet über http://dnb.dnb.de abrufbar.

Weitere Informationen zu diesem Titel finden Sie im Internet unter
ESV.info/978-3-503-23956-6

ISBN 978-3-503-23956-6 (gedrucktes Werk)
ISBN 978-3-503-23957-3 (eBook)

Alle Rechte vorbehalten
© Erich Schmidt Verlag GmbH & Co. KG, Berlin 2024
www.ESV.info

Die Nutzung für das Text und Data Mining ist ausschließlich dem
Erich Schmidt Verlag GmbH & Co. KG vorbehalten. Der Verlag untersagt
eine Vervielfältigung gemäß § 44b UrhG ausdrücklich.

Druck und Bindung: Beltz Grafische Betriebe GmbH, Bad Langensalza

In der Vergangenheit stand die Arbeit des Verlages unter dem Leitmotiv, Vorhandenes mit Sorgfalt zu pflegen, auf Erfahrungen aufbauend Neues zu entwickeln und Anregungen von außen aufgeschlossen entgegenzutreten. Auch in der Zukunft soll dieses Leitmotiv für unsere gemeinsame Arbeit richtungsweisend sein.

Dr. Erich Schmidt jun., 1974

Das Leitmotiv für unsere gemeinsame Arbeit beruht auf dem Weg zu veränderten Gewissheiten auf dem Fundament einer realistisch-optimistischen Grundhaltung: in der positiven inneren Unruhe zur konstruktiven Hinterfragung bestehender Einsichten und in der schöpferischen Neugier für den zuversichtlichen Aufbruch in das Unbekannte. Positive innere Unruhe und schöpferische Neugier sollen die Grundfeste für unsere gemeinsame Arbeit sein.

Dr. Joachim Schmidt, 2024

Bewegliche Konstanten, neue Akzente, veränderte Gewissheiten,
100 JAHRE ERICH SCHMIDT VERLAG 1924–2024 wurde herausgegeben
vom Erich Schmidt Verlag und erschien anlässlich des 100. Jubiläums des
Erich Schmidt Verlages im August 2024.

INHALT

GELEITWORT 9

VORWORT 11

GRÜNDERJAHRE 1924–1945 13
    Journalismus und Politik 14
    Vom Pressedienst zum Buchverlag 18
    Die Kriegsjahre: Belletristik und Betriebssicherheit 25

NEUANFÄNGE 1945–1955 31
    Notprogramm 1946: Leichte Muse, Klassiker und Jugendbuch ... 32
    Das Buch als Tor zur Welt. Dr. Erich Schmidt als Vorsitzender
    der Berliner Verleger-Vereinigung 38
    Der Marsch durch die Ministerien. Marketing 1950 42
    Grundsteinlegung: Das Verlagsprogramm der 1950er-Jahre ... 46

BEWEGLICHE KONSTANTEN, NEUE AKZENTE 1955–1999 55
    Traditionen von morgen: Sozialrecht und Arbeitssicherheit ... 56
    Pionierarbeit im Umweltrecht 63
    Im Dienste der Wissenschaft: Die Philologie 69
    Wirtschaft, Steuern und Wirtschaftsrecht 78
    Zeitenwende und Projekte 84
    Der Schritt in die Kommunen – auf der Spur der Neuen Medien .. 88

VERÄNDERTE GEWISSHEITEN 2000–2024 93
    Auf dem Weg in die Transformation 94
    Die Gleichzeitigkeit von Stabilität und Veränderung 106
    Verlässliche Konstanz in einer Welt multipler Krisen 115

GELEITWORT

Der Erich Schmidt Verlag feiert am 11. Oktober 2024 sein 100-jähriges Jubiläum. 100 Jahre sind eine Zeitspanne, die in Generationen rechnet. Es gibt zwar Unternehmen in Deutschland, die mitunter auf eine längere Geschichte zurückblicken – auch im Verlagswesen. Jedoch: Statistisch betrachtet erreichen 2 % der deutschen Unternehmen dieses hohe Alter. Der Weg ist also lang. Ein Zentennium entfaltet eine enorme geschichtliche Wucht. Auf der Wegstrecke lauert ein riesiges Krisenpotenzial auf die Unternehmen. Vieles kommt unverlangt. Unternehmen in der Größe des Erich Schmidt Verlags treffen in 10 Dekaden Millionen Entscheidungen. Diesen sieht man nicht immer an, von welcher Tragweite sie im Moment der Entscheidung sind: „Das Leben wird vorwärts gelebt und rückwärts verstanden." Die Einsicht Søren Kierkegaards ist auch für Unternehmen wie den Erich Schmidt Verlag unhintergehbar. Auf dem Weg voran ist vieles möglich. Karl Popper und Konrad Lorenz begleiten diesen Weg mit der Erkenntnis: „Die Zukunft ist offen." 100 Jahre Erich Schmidt Verlag ist daher mit Fug und Recht ein außergewöhnlicher Geburtstag.

Anlass für das Verfassen der Festschrift ist das 100-jährige Jubiläum des Erich Schmidt Verlages. Während ihrer Entstehung ist sie der Rolle als bloße Festgabe entwachsen. Der Vater der Deutschen Einheit, Alt-Bundeskanzler Helmut Kohl, gibt dem Werk mit Worten die Richtung vor: „Wer die Vergangenheit nicht kennt, kann die Gegenwart nicht verstehen und die Zukunft nicht gestalten." Die Festschrift ist mehr als eine Dokumentation der Geschehnisse. Sie weißt zugleich den Pfad in die Zukunft. Gradlinigkeit ist auf dem Weg nicht zu erwarten. Denn der Verlag ist, wie die Geschichte zeigt, in gesamtgesellschaftliche Entwicklungen eingebettet. Er wird diesen mit eigenen Entscheidungen begegnen. Der Pfad in die Zukunft verkörpert jedoch die Handlungsmöglichkeiten, die die größten Optionen für das Fortschreiben der Geschichte liefern. Die Festschrift kann also rückwärts, aber umso mehr nach vorne gelesen werden. Dabei sind die Zeilen des Werkes auf der Basis ausgearbeiteter Erkenntnisse, erweitert um neue Inhalte und Einsichten, vom Verfasser des Geleitwortes in Zusammenarbeit mit Dr. Kerstin Trillhaase formuliert worden. Frau Dr. Trillhaase ist für die Mitarbeit tief zu danken.

Während der gesamten 100 Jahre seines Bestehens ist der Erich Schmidt Verlag stets im Eigentum der Verlegerfamilie geblieben. Der Gründer des Verlages, Dr. Erich Schmidt sen., konnte diese Konstanz bei Verlagsgründung nicht im Blick haben. Zu sehr fußten die ursprünglichen Intentionen der Gründung auf persönlichen Anliegen, zu sehr lag die Zukunft im Ungewissen. Erst unter der Führung des Verlages durch seinen Sohn, Dr. Erich Schmidt jun., deutet sich an, was möglich werden könnte. Sein Vermächtnis zeigt es. Obwohl er zu Lebzeiten nie darüber sprach, schrieb Dr. Erich Schmidt jun. 1982 in seinem Testament mit dem Blick auf die damalige Firmierung: „Es ist mein Wunsch, dass die Firma Erich Schmidt Verlags GmbH als Familienunternehmen erhalten bleibt." So sollte es werden. Das Verlegerische und das Eigentum am Unternehmen sind auf das Engste verwoben. Beides kommt selbst heute nach 100 Jahren aus der Familie. Es gibt damit zugleich keine wirksame Distanz von Unternehmen und Familie wie bei Großunternehmen im Streubesitz. Die eine Seite kann der anderen nicht entkommen. Das ist tief prägend. Die Familie hat mit dem Verlag eine Art weiteres Familienmitglied, das seine „eigene Persönlichkeit" aufweist. Der Verlag selbst führt sich neben seiner professionellen Struktur zu einem wesentlichen Teil im Kontext der Familie fort. Und selbst dann, wenn die Familienmitglieder nicht für den Verlag tätig werden. Beide Welten sind und bleiben ineinander verschränkt. Der Verlag wird den Generationen in die Hände gelegt, um in der ihnen zur Verfügung stehenden Zeitspanne die Geschicke des Hauses mit Umsicht und Verantwortung zu begleiten. Jede Generation hat ihre eigenen Herausforderungen zu bewältigen. Denn es gibt immer: veränderte Gewissheiten.

100 Jahre Erich Schmidt Verlag sind nicht das Verdienst Einzelner. Es ist auch nicht nur das Verdienst derer, die gegenwärtig dem Unternehmen sein Gesicht verleihen. 100 Jahre Erich Schmidt Verlag sind allein durch eine tiefgründige, zehn Dekaden währende erfolgreiche Gemeinschaftsleistung möglich. Ein jeder trägt seit dem Bestehen des Verlages seinen eigenen Anteil an der langen Verlagsgeschichte. Weitblick, Verantwortungsbewusstsein, Fleiß, Hingabe, Bescheidenheit und die Anstrengungen aller haben es möglich gemacht, den Erich Schmidt Verlag durch gute und durch schlechte Zeiten zu führen. Jedem Einzelnen ist zutiefst zu danken. Zuvorderst gilt ausgesprochen großer Dank den Mitarbeiterinnen und Mitarbeitern sowie den Verfasserinnen und Verfassern des Erich Schmidt Verlages. Sie stemmen den Kern der verlegerischen Leistung – seit 100 Jahren. Auch den zahlreichen, dem Haus eng verbundenen Dienstleistern, Freunden und Wegbegleitern ist umfassender Dank geschuldet. Ohne den verlässlichen gemeinsamen Verbund wären 100 Jahre Erich Schmidt Verlag nicht möglich. Und es ist diese starke Gemeinschaft aller, die zugleich den Weg nach vorne öffnet: Der Erich Schmidt Verlag kann mit Selbstbewusstsein und Optimismus in die Zukunft blicken. Der Erich Schmidt Verlag gehört zu Deutschland, zu Berlin.

Dr. Joachim Schmidt

VORWORT

Aus der Feder des Verlagsgründers Dr. Erich Schmidt sen. stammend markiert der damals handgeschriebene „Korrespondenzdienst" vor einem Jahrhundert den Auftakt zu einer Ära der Wissensvermittlung und des verlegerischen Schaffens. Über Generationen hinweg entfaltet sich fortan eine Erfolgsgeschichte, die von Pioniergeist, Beharrlichkeit und der Fähigkeit zur stetigen Erneuerung geprägt ist.

Mit dieser Festschrift zum 100-jährigen Jubiläum gehen wir zusammen auf die Reise in ein turbulentes Jahrhundert Verlagsgeschichte. Während die Gründerjahre von Enthusiasmus und Wagemut geprägt sind, folgen Zeiten, die dem jungen Unternehmen alles abverlangen: Krieg, Teilung, Wiederaufbau – der Erich Schmidt Verlag meistert all diese Herausforderungen mit Ausdauer und Innovationskraft, stets dem Ziel verpflichtet, Fachinformationen am Puls der Zeit bereitzustellen und die Verlagslandschaft aktiv mitzugestalten.

Faszinierend entfaltet liest sich auch die jüngere Historie des Verlags: Die digitale Revolution hat das traditionelle Verlagswesen grundlegend umstrukturiert, wobei eBooks, Online-Datenbanken und Open Access nur einige Schlagworte dieser technologischen Transformation darstellen. Der ESV begegnet den Umwälzungen mit Mut zur Innovation, ohne Bewährtes über Bord zu werfen. Gedruckt oder digital, in Büchern oder Datenbanken, in Seminaren oder Webinaren – bis heute ist aus dem ehemaligen Presseinformationsdienst ein breit aufgestellter Fachverlag mit über 120 Mitarbeiterinnen und Mitarbeitern erwachsen.

Die Synthese aus inhaltlicher Kompetenz, unternehmerischem Instinkt und Aufgeschlossenheit gegenüber Neuerungen verleiht auch am Übergang zum zweiten Jahrhundert besondere Strahlkraft für die Zukunft. Somit soll diese Chronik nicht nur die Errungenschaften der Vergangenheit würdigen, sondern gleichzeitig als Quelle der Motivation und des Antriebs für die weitere Entfaltung des Erich Schmidt Verlages dienen.

Dr. Kerstin Trillhaase

GRÜNDERJAHRE 1924–1945

Journalismus und Politik

Das Gründungsjahr des von Dr. Erich Schmidt 1924 ins Leben gerufenen Verlages „Der Wirtschaftsfrieden" fällt mit dem Beginn einer vorübergehenden ökonomischen sowie politischen Konsolidierungsphase der Weimarer Republik zusammen. Vorangegangen ist eine Zeit äußerster Not und Instabilität. Erst die Währungsreform von 1923 bringt die rasende Inflation der Nachkriegsjahre zum Stillstand und schafft so die Voraussetzungen eines allmählichen wirtschaftlichen Aufschwungs. Im Bereich des Verlagswesens setzt bereits zu Beginn des Jahrzehnts eine Flut an Neugründungen ein, die sich vor allem an der enormen Nachfrage nach belletristischen und populärwissenschaftlichen Werken nach dem Ende des 1. Weltkriegs orientiert. Ein außerordentliches Wachstum zeichnet sich auch innerhalb des Presse- und Zeitschriftensektors ab. Neue technische Möglichkeiten der Nachrichtenübermittlung wirken wie ein Katalysator. Berlin wird im Laufe der 1920er-Jahre zu einer der größten Zeitungsstädte der Welt. Am Ende des Jahrzehnts ist allein die Zahl der hiesigen Tageszeitungen auf 150 gestiegen. Aufs Engste mit den Entwicklungen in dieser Branche verbunden sind auch die Anfänge des Erich Schmidt Verlags.

Nach seinem Studium der Volkswirtschaft und der Staatswissenschaften beginnt der im 1. Weltkrieg als Offizier schwer verwundete Dr. Erich Schmidt 1922 seine journalistische Laufbahn bei der Telegraphen-Union, dem Vorläufer der heutigen Deutschen Presse-Agentur (dpa). Schon zu jenem Zeitpunkt konzentriert sich die Tätigkeit des gerade 25-Jährigen auf den Bereich der Sozial- und Arbeitspolitik, ein Interesse, das er auch im Rahmen seines politischen Engagements – unter anderem innerhalb des Reichsverbandes deutscher Angestellter – weiterverfolgt.

Nach dem Ausscheiden als sozialpolitischer Redakteur bei der Telegraphen-Union beginnt Dr. Erich Schmidt im Oktober 1924 in der heute in Berlin Kreuzberg gelegenen Dessauer Straße seine verlegerische Arbeit. Er bewegt sich damit auf den Spuren seines Großvaters mütterli-

Dr. Erich Schmidt, geboren am 12.5.1897 in St. Gallen / Schweiz, aufgewachsen in Berlin und Frankfurt / Main als zweiter von drei Söhnen einer Arztfamilie. 1914 in den 1. Weltkrieg als Fahnenjunker, 1918 als Offizier schwer verwundet (Verlust des rechten Arms neben anderen nachhaltigen Verletzungen). Studium der Volkswirtschaft und Staatswissenschaften an der Universität Frankfurt, Promotion. Am 7.4.1922 in Frankfurt Eheschließung mit Dr. Johanna Matthei.

cherseits, Christian Ulrich Altwegg (1824–1891). Dieser hat zusammen mit seiner Frau Elisabetha Weber (1821–1888) bis in die 1870er-Jahre in St. Gallen, Schweiz, einen eigenen Verlag betrieben: den Verlag Altwegg-Weber zur Treuburg. Christian Ulrich Altwegg, ursprünglich Lehrer, ist der Urverleger der Verlegerfamilie. Den Verlag selbst hat Christian Urich Altwegg 1873 an seinen Sohn Hermann Altwegg übertragen.

Seiner bisherigen journalistischen Tätigkeit entsprechend widmet sich Dr. Erich Schmidt zunächst dem Aufbau eines Presseinformationsdienstes. Die drei bis fünf Seiten umfassende Publikation erscheint zweimal wöchentlich Dienstag und Freitag, anfangs unter dem programmatischen Titel „Der Wirtschaftsfrieden", später unter dem Verlagsnamen „Sozialpolitischer Nachrichtendienst".

In seiner Form bildet dieser Korrespondenz- bzw. Pressedienst eine Art Fachzeitschrift, deren Beiträge in laufenden Ergänzungslieferungen erscheinen. Die Vorteile dieser Publikationsweise liegen vor allem in ihrer hohen Aktualität. Das erweist sich gerade auf einem so bewegten Gebiet wie der Sozialpolitik als überaus wichtig.

Sind die Grundfesten des deutschen Sozialrechts bereits im Kaiserreich gelegt worden, so sieht sich die junge Republik durch die unmittelbaren Kriegsfolgen mit einer ganzen Reihe neuer Probleme konfrontiert. Ihrer sozialpolitischen Lösung steht allerdings zunächst die wirtschaftliche Misere im Weg.

Wie in einem Brennspiegel fokussieren sich in den Folgejahren auf dem Gebiet der Sozialpolitik die weltanschaulichen Differenzen zwischen Gewerkschaften und Sozialdemokratie einerseits sowie Wirtschaftsverbänden und Rechtsparteien

Dr. Erich Schmidt

andererseits. Bei grundsätzlicher Übereinstimmung hinsichtlich der staatlichen Fürsorgepflicht entbrennen regelmäßige ideologische Grabenkämpfe in der Frage der Richtung und Reichweite staatlicher Eingriffe. Kurz: Gerade das im Hinblick auf gesetzliche Neuerungen sehr schnelllebige Gebiet des Sozialrechts bildet auch aufgrund seiner weltanschaulichen Brisanz das ideale Betätigungsfeld für eine Publikationsform, die eine Mittelstellung zwischen Loseblattwerk und Zeitung einnimmt.

Ein Korrespondenzdienst vereinigt die Vorzüge beider: Von der Aktualität ist bereits die Rede gewesen, regelmäßig erscheinende Register ermöglichen die Orientierung in juristischen Belangen und die journalistische Form entspricht ganz dem politischen Inhalt. Denn der weltanschauliche Standort der Publikation ist scharf umrissen. Parteipolitisch steht Dr. Erich Schmidt zunächst der DVP nahe, die seinerzeit mit Stresemann den Außenminister stellt. Im Laufe der 1920er-Jahre wechselt er aus Ablehnung der deutschen Annäherungspolitik gegenüber der Sowjetunion Stalins jedoch zur deutschnationalen und wirtschaftsfreundlichen DNVP über. In sozialpolitischer Hinsicht ist damit eine klare Richtung vorgegeben: ein grundsätzliches Ja zur Fürsorgepflicht des Staates gegenüber in Not geratenen Bürgern. Dies aber auf Basis einer von Reglementierungen freien Wirtschaft, deren Garant ein nach innen wie nach außen starker Nationalstaat sein soll.

Allerdings macht die im engeren Sinn politische Seite des zur Gänze von Dr. Erich Schmidt selbst verfassten „Sozialpolitischen Nachrichtendienstes" nur einen untergeordneten Teil dieser Publikation aus. Die umfassende Dokumentation sozialrechtlich relevanter Entwicklungen auf juristischem, politischem und publizistischem Gebiet bildet den eigentlichen Schwerpunkt. Darauf wird auch im Laufe der folgenden Jahre die weitere Verlagsarbeit aufbauen. Eine wesentliche Qualität des „Sozialpolitischen Nachrichtendienstes" liegt dabei in seiner für Pressedienste unüblichen Detailgenauigkeit sowie der für juristische Publikationen unkonventionellen Quellenauswahl. Neben der präzisen Wiedergabe gesetzlicher Veränderungen kommt in Berichten zu parlamentarischen Planungsvorhaben der jeweils aktuelle Stand der Sozialgesetzgebung ebenso zum Ausdruck wie in Stellungnahmen der Verantwortlichen aus dem Sozialversicherungs-, Gewerkschafts- wie Unternehmerbereich. Umfassende Dokumentation des

Sozialpolitischer Nachrichtendienst (1924–45)

Bestehenden, Ausblick auf kommende Entwicklungen – so lässt sich die grundlegende Ausrichtung des „Sozialpolitischen Nachrichtendienstes" beschreiben.

Mit dem New Yorker Börsenkrach vom Oktober 1929 und dem Abzug amerikanischer Kredite, über die der Aufschwung Mitte der 1920er-Jahre weitgehend finanziert worden ist, geht die wirtschaftliche wie politische Erholungsphase genauso jäh zu Ende wie sie begonnen hat. Durch den sprunghaften Anstieg der Arbeitslosenzahlen nehmen auch die politischen Spannungen dramatisch zu.

In der festen Überzeugung, dass nur eine wirtschaftsfreundliche Politik zu einer Verbesserung der ökonomischen Lage und damit zu einem Rückgang der Arbeitslosigkeit führen kann, tritt Dr. Erich Schmidt 1932 als Kandidat der DNVP zu den Reichstagswahlen an. Er zieht als einer der jüngsten Abgeordneten ins Parlament ein. Weit davon entfernt, mit der politischen Arbeit das verlegerische Engagement aufzugeben, verbindet Dr. Erich Schmidt Mandat und publizistische Tätigkeit. So wie seine langjährigen Erfahrungen auf dem Gebiet des Arbeits- und Sozialrechts ihm bald schon die Mitgliedschaft im Sozialpolitischen Ausschuss sichern, bereichern umgekehrt die nun aus erster Hand gewonnenen Informationen den „Sozialpolitischen Nachrichtendienst".

Mit den Reichstagswahlen vom März 1933 und der anschließenden Auflösung der DNVP findet die politische Laufbahn Dr. Erich Schmidts allerdings bereits nach wenigen Monaten ihr Ende.

Verlag Sozialpolitischer Nachrichtendienst in Berlin SW 11

„Als Reichstagsabgeordneter trug er, entsprechend seinem Wohnsitz, die Bezeichnung ‚Schmidt-Eichwalde', zur Unterscheidung von anderen Abgeordneten gleichen Namens, obwohl sein Wahlkreis in Pommern lag. Fast jedes Wochenende fuhr er mit dem Zug zu Veranstaltungen nach Pommern." Aus den Aufzeichnungen der Tochter des Verlagsgründers, Dr. Ellinor Kahleyss. (Im Folgenden: E.K.)

Vom Pressedienst zum Buchverlag

Schon bald nach der Machtergreifung der Nationalsozialisten ergeben sich für den Buchhandel eine ganze Reihe gravierender Einschnitte. Nach internen Kompetenzstreitigkeiten bzw. Machtkämpfen übernimmt das Goebbels unterstehende „Reichsministerium für Volksaufklärung und Propaganda" sämtliche das Buchwesen betreffende Befugnisse. Ihm direkt unterstellt ist die Reichsschrifttumskammer (RSK), der alle auf diesem Gebiet Tätigen wie Verleger, Autoren, Buchhändler etc. anzugehören haben. Hat die Regierung eine Mitgliedschaft verweigert – die Auswahl unterliegt dem Propagandaministerium –, ist jegliche diesbezügliche Tätigkeit untersagt. Es kommt zu direkten Repressionsmaßnahmen wie der Enteignung oder Zwangsübernahme vor allem jüdischer Verlagshäuser. So ist etwa der Ullstein-Verlag zu einem Bruchteil seines Wertes von einer NSDAP-nahen Finanzierungsgesellschaft „erworben" worden. Zudem dient der Kontrolle über das Buchwesen vor allem eine jährlich erweiterte „Liste der schädlichen und unerwünschten Literatur". Sowohl die Produktion als auch der Vertrieb der indizierten Werke werden unter Strafe gestellt.

Für den „Sozialpolitischen Nachrichtendienst" hat die veränderte politische Lage zunächst keine unmittelbaren Folgen. Die Publikation des als ungefährlich eingestuften sozialpolitischen „Fachschrifttums" unterliegt keinerlei Restriktionen. Zumal auch die Politik des neuen Regimes im Bereich des Sozialrechts eine weitgehende Kontinuität im Vergleich zu den vorangegangenen Regierungen aufweist.

Ganz anders stellt sich allerdings die Situation für Dr. Erich Schmidt persönlich dar. Mit dem Verlust des Reichstagsmandats geht nicht nur das Verbot jeglicher politischen Betätigung einher. Auch die bisher ausgeübte Verbandsarbeit sowie jedwede freie journalistische Tätigkeit sind ihm untersagt. Die Ablehnung Hitlers und der zunehmend deutlicher werdenden aggressiven und menschenverachtenden Politik bringen ihn darüber hinaus in das Visier der Machthaber. Das Büro des Korrespondenzverlages in der Dessauer Straße wird von der Gestapo durchsucht, ebenso das Wohnhaus der Familie in Eichwalde.

„Die Gestapo durchsuchte das Büro in der Dessauer Straße, nicht ohne dass ein guter Freund eine halbe Stunde zuvor anonym warnend anrief und die Durchsuchung ankündigte: ‚Wenn Sie etwas haben, tuen Sie es weg!' Auch das Wohnhaus in Eichwalde wurde heimgesucht, die Kontakte der Familie wurden beobachtet." E. K.

Nicht direkt von den Restriktionen des NS-Regimes betroffen, ergeben sich durch die Dr. Erich Schmidt persönlich angehenden Veränderungen doch weitreichende Konsequenzen für den Verlag „Sozialpolitischer Nachrichtendienst". Gleichsam über Nacht muss aus dem nebenberuflichen Betätigungsfeld des Journalisten und Politikers Dr. Erich Schmidt ein Verlag aufgebaut werden, der in wirtschaftlicher Hinsicht schnell Erfolg verzeichnen soll. Nicht zuletzt auch deshalb, weil die Familie mit den neuen politischen Verhältnissen alle sonstigen Einkünfte verloren hat.

Das Verlagsprogramm wird daher in den folgenden Jahren systematisch erweitert: zunächst, 1933, um einen weiteren Korrespondenzdienst, die „Berliner Briefe". In bewusster Anknüpfung an seine politische Tätigkeit unter seinem einstigen Abgeordnetennamen „Schmidt-Eichwalde" herausgegeben richtet sich die Publikation in erster Linie an Parteifreunde aus der nun aufgelösten DNVP. Auch hier ist der Verlagsgründer alleiniger Verfasser der jede Woche im Umfang von sechs bis zehn Seiten erscheinenden Publikation.

Anders als der „Sozialpolitische Nachrichtendienst" sind die „Berliner Briefe" deutlich journalistisch ausgerichtet. In Form von Leitartikeln, Glossen und Rezensionen kommentieren sie das aktuelle politische Geschehen. Auch hier finden die jeweiligen Entwicklungen

Berliner Briefe (1933–38)

Soziales Archiv (1936)

im Bereich des Sozial- und Wirtschaftsrechts ausführlich Berücksichtigung. Sie werden zugleich historisch eingeordnet.

Sind die „Berliner Briefe" ein sowohl in der Herstellung als auch im Vertrieb einfaches und schnell zu realisierendes Projekt, so bedarf der Ausbau des sozialpolitischen Verlagsbereichs weit aufwendigerer Planung. Gut zwei Jahre dauern die Vorarbeiten zu jenem Werk, durch das der Grundstein zur künftigen Verlagsentwicklung gelegt wird: dem ab 1936 erscheinenden „Sozialen Archiv".

In Loseblattform mit wöchentlichen Ergänzungslieferungen informiert das Werk von der „Altersversorgung" über „Lohnsteuer" und „Mutterschutz" bis hin zur „Sozialversicherung" und den „Zeugnisbestimmungen" bei Beendigung eines Anstellungsverhältnisses über sämtliche arbeits- und sozialrechtliche Fragen in allgemeinverständlicher und konzentrierter Form. Die Besonderheit dieser Publikation liegt darin, dass sie drei traditionelle Bereiche juristischer Fachliteratur miteinander vereinigt: Das „Soziale Archiv" versteht sich nicht nur als Sammlung gesetzlicher Bestimmungen, die jeweils im genauen Wortlaut wiedergegeben worden sind. Es versieht die Gesetzestexte zugleich mit einer fachkundigen Kommentierung, die ihrerseits durch entsprechende Gerichtsurteile ergänzt wird.

Unverkennbar macht sich dabei die journalistische Vergangenheit des verlegerischen „Quereinsteigers" Dr. Erich Schmidt bemerkbar: Sowohl die wöchentlichen Lieferungen als auch die für juristische Publikationen unübliche Quellenauswahl lassen das Streben nach größtmöglicher Aktualität erkennen. Neben Arbeitsgerichtsurteilen neuesten Datums finden sich unter anderem Stellungnahmen der leitenden Verantwortlichen des Reichsversicherungsamtes oder des Reichsarbeitsministeriums. Diese erörtern nicht nur die bestehenden Bestimmungen, sondern skizzieren teilweise auch zukünftige Entwicklungen innerhalb des jeweiligen Bereichs.

Neben dem Verlagsgründer zählen mittlerweile „zahlreiche bestunterrichtete" Fachkräfte zu den Mitarbeitern. Wie sehr diese als Herausgeber Wert auf umfassende Vollständigkeit in der Behandlung des jeweiligen Sachgebietes legen, zeigen einzelne Abschnitte des Werkes: Sie befassen sich beispielsweise mit der „Gagengestaltung bei Gaststättenmusikern", der „Herausgabepflicht von Schmiergeldern" oder gehen anhand einer Falldarstellung akribisch der Frage nach, ob ein Arbeitnehmer Anspruch auf Lohn hat, wenn er sich wegen eines nicht akuten Zahnleidens während der Arbeitszeit in Behandlung begibt.

Höchste Aktualität, eine neuartige Quellenauswahl sowie eine ebenso sachkundige wie umfassende Information in leicht verständlicher

Form – die Kombination dieser Faktoren wird in den kommenden Jahren entscheidend zum Erfolg des Verlages auf juristischem Gebiet beitragen. Das „Soziale Archiv" ist quasi der Urknall, der den Verlag vom Selbstverlag in einen „echten" Verlag führt. Das „Soziale Archiv" ist damit das Fundament aller weiteren Verlagsentwicklungen.

Der verlegerische Impetus zeigt sich schnell: Das ab 1937 von Dr. Werner Weigelt herausgegebene „Kraftverkehrsrecht von A–Z" erscheint zunächst zwar in der „Deutschen Verlagsgesellschaft". Der „Sozialpolitische Nachrichtendienst" besitzt noch keine Buchverlagsgenehmigung. Das Werk knüpft jedoch vom Start weg an das skizzierte Modell an und verbessert es weiter. Wie im „Sozialen Archiv" bewegt man sich auch hier auf einem relativ jungen Gebiet der Gesetzgebung. Seitens der eingesessenen Rechtsverlage hat es bisher wenig Berücksichtigung gefunden oder ist in seiner Darstellung vorwiegend auf ein Fachpublikum zugeschnitten gewesen. Demgegenüber legt der Verlag mit einem nach Stichworten gegliederten Taschenlexikon gleichsam eine „Volksausgabe" des Kfz-Rechts vor. Diese zeichnet sich durch Allgemeinverständlichkeit und leichte Handhabbarkeit aus. Wie schon beim „Sozialen Archiv" ermöglicht die Kombination von Loseblattform und wöchentlichem Korrespondenzdienst auch hier, die neuesten Entwicklungen auf dem jeweiligen Gebiet gebührend zu berücksichtigen.

Dr. Werner Weigelt

Kraftverkehrsrecht von A–Z (1937)

Im folgenden Jahr geht der Verlag mit dem Korrespondenzdienst „Zehn Minuten Autorecht" noch einen Schritt weiter: Die Sammlung höchstrichterlicher Entscheidungen in Verkehrsfragen ist mit einem Auskunftsdienst verbunden, über den die Leser Fragen an den Verlag richten können. Die einzelnen Beiträge sind – so der Verlagsprospekt – „volkstümlich, für jeden verständlich" verfasst. Die wöchentlichen Ergänzungslieferungen in der „Frage der Woche" behandeln dabei besondere Anliegen der Leser. Auch dies stellt eine für juristische Publikationen jener Zeit höchst unübliche Serviceleistung dar, deren journalistische Ursprünge unverkennbar sind.

So wichtig diese Weiterentwicklungen des Publikationsmodells für den Verlag auch gewesen sind – wirtschaftlich gesehen kann keines der

beiden Werke bedeutende Erfolge verbuchen. Der Grund hierfür liegt in der 1938 einsetzenden allgemeinen Einschränkung des Individualkraftverkehrs.

Mit dem im gleichen Jahr publizierten „Steuerrecht von A–Z" zahlt sich das Engagement nach den Schwierigkeiten der Anfangsphase endlich aus. Das „Steuerrecht" wird zum ersten großen Verkaufserfolg des Verlages „Sozialpolitischer Nachrichtendienst". In der Form eines Loseblatt-Handlexikons vereint das Werk sämtliche der genannten Vorzüge seiner Vorgänger. Es ist einfach in der Handhabung – „mit einem Griff die Antwort", so der Verlagsprospekt –, stets auf dem neuesten Stand und berücksichtigt Gesetzgebung, Kommentierung und Rechtsprechung in einem. Das durch seinen Erfolg – die erste Neuauflage erscheint bereits 1941 – gleichsam zum verlegerischen Prototypen avancierte Modell findet nun auch in der Fachpresse Anerkennung. So spricht etwa die „Deutsche Rechtszeitung" von einem „in seiner Anlage neuartigen Werk". Sie hebt neben der Kombination der genannten Bereiche und der Gliederung nicht nach Paragrafen, sondern nach Stichworten, besonders die „flüssige und einprägsame Erläuterungsweise" hervor.

Die 1937/38 einsetzende allgemeine Verschärfung der innenpolitischen Lage hat auch für den Verlag unmittelbare Konsequenzen. Auf „Anordnung des Herrn Präsidenten der Reichspressekammer" werden die „Berliner Briefe" verboten. Im Hinblick auf das Verlagsprogramm ist

rechts: Steuerrecht von A–Z (1938)

dieser Verlust durchaus zu verschmerzen. Denn mit der schrittweisen Professionalisierung und der damit einhergehenden Ausweitung der Mitarbeiterschaft hat man sich zusehends von den politisch-weltanschaulichen Anfängen des „Sozialpolitischen Nachrichtendienstes" gelöst. Da das Verbot aber jegliche Art von Pressedienst betrifft, sieht der Verlag sich nun veranlasst, sein Tätigkeitsfeld verstärkt auf den Bereich der Buchpublikationen auszudehnen.

Noch im selben Jahr erhält der „Sozialpolitische Nachrichtendienst" die Buchverlagsgenehmigung. Mit der 1939 erscheinenden Broschüre „Die Altersversorgung des Handwerksmeisters" gelingt schließlich der Durchbruch auch in finanzieller Hinsicht. Da es sich hierbei um den ersten „Bestseller" des Verlages handelt, lohnt ein kurzer Blick auf die Vorgeschichte dieser Publikation.

Zum 21. Dezember 1938 ist ein neues „Arbeitsordnungsgesetz" verabschiedet worden. Durch das Gesetz werden selbständige Handwerker in die allgemeine Rentenversicherung miteinbezogen – eine Änderung auf sozialrechtlichem Gebiet von weitreichender Bedeutung. Innerhalb kürzester Zeit können leitende Mitarbeiter der entsprechenden Reichsverbände zur Mitarbeit an einer solchen Broschüre gewonnen werden. Bereits im Februar 1939 erscheint in einer nicht nur für damalige Verhältnisse astronomischen Auflage von 124 000 Exemplaren „Die Altersversorgung des Handwerksmeisters".

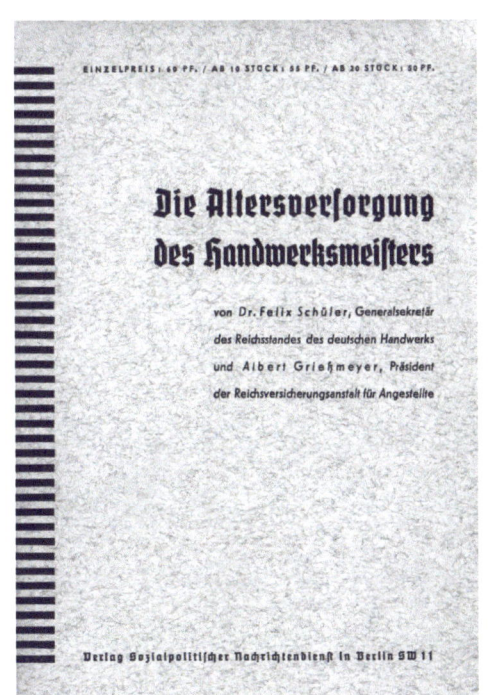

Die Altersversorgung des Handwerksmeisters (1939)

Das Verlagssignet 1939–45

Die bisherigen Publikationen bewegen sich zwischen 300 und 2 000 Stück, sodass der jetzige Erfolg den Verlag nahezu überrollt. Kurzerhand wird „die ganze Familie für Vertrieb und Inkasso eingespannt", so die Tochter des Verlagsgründers, Dr. Ellinor Kahleyss, in einer schriftlichen Notiz.

Als eine der letzten Publikationen wird dieser Titel unter dem Verlagsnamen „Sozialpolitischer Nachrichtendienst" veröffentlicht. Auf der Innenseite des Heftes ist bereits zu lesen: „Copyright 1939 by Sozialpolitischer Nachrichtendienst (Erich Schmidt Verlag)". Im Zuge der Ausweitung des Programms über das sozialpolitische Themenspektrum hinaus scheint der bisherige Verlagsname zu diesem Zeitpunkt bereits nicht mehr passend. Seit 1939 firmiert der Verlag als „Erich Schmidt Verlag, Berlin und Leipzig", ab 1941 als „Erich Schmidt Verlag, Berlin W 35".

„Bestseller" wie der eben genannte bilden die Ausnahme im Verlagsleben jener Tage. Natürlich, so Dr. Erich Schmidt in einem internen Papier zur Weiterentwicklung des Verlages, seien derartige Erfolge erstrebenswert und zu begrüßen. Als eigentlich tragfähige Grundlage der Verlagsarbeit müsse aber vor allem der Bereich der Loseblattwerke mit festem Bezieherkreis und regelmäßigen Ergänzungslieferungen angesehen und weiter ausgebaut werden.

Ganz in diesem Sinne wird in den Folgejahren an die bewährten Publikationsformen angeknüpft. 1940 erscheinen neben mehreren Broschüren auf Steuer- sowie versicherungsrechtlichem Gebiet das Loseblattwerk „Archiv des Unfallrechts" sowie ein Ergänzungsband zum „Steuerrecht von A–Z".

Die Kriegsjahre: Belletristik und Betriebssicherheit

Anfang der 1940er-Jahre beginnt sich die ohnehin schon prekäre Lage des Buchhandels weiter zu verschärfen. Seit dem 1. Januar 1940 hat jeder Verleger der Reichsschrifttumskammer genaue Angaben über Art und Menge des verwendeten Papiers zu machen. Wenig später unterliegen historische, politische sowie belletristische Publikationen einer generellen Vorzensur. Die im Jahr 1941 einsetzende Papierkontingentierung, deren Ursache in der kriegsbedingten Verknappung der Rohstoffe liegt, wird vom Regime zur Ausschaltung missliebiger, in erster Linie konfessionell-weltanschaulicher Verlage genutzt. Ab 1943 kommt es zu großangelegten Stilllegungsaktionen, von denen etwa 1 200 Verlagshäuser betroffen sind. Die dadurch freigestellten Arbeitskräfte werden in der Rüstungsindustrie eingesetzt.

Obwohl die Schließung des Verlages nach Angaben von Dr. Ellinor Kahleyss ein- oder zweimal ins Auge gefasst worden ist, bleibt er von den allgemeinen Restriktionen weitgehend verschont. Ein wesentlicher Grund hierfür liegt in der neuen Programmgestaltung.

Schon vor Kriegsbeginn sind mit dem Reichsverband der gewerblichen Berufsgenossenschaften Vorarbeiten zu einem Projekt aufgenom-

Geschichten aus der Wirklichkeit (1940–45)

men worden, das sich nun als lebenswichtig für den Verlag erweisen soll: die Herausgabe von Unfallverhütungsbroschüren. Dass auf diesem Gebiet erheblicher Nachholbedarf besteht, kann selbst unter Kriegsbedingungen von niemandem ernsthaft in Zweifel gezogen werden. Im Zuge der forcierten Industrialisierung während der 1930er-Jahre hat sich sowohl die Zahl der Betriebsunfälle als auch der Berufskrankheiten mehr als verdoppelt. Da diese Art von Fachschrifttum seitens der Reichsschrifttumskammer als „kriegswichtig" eingestuft wird, unterliegen derartige Publikationen keinerlei Einschränkungen.

Auf diese Weise ist es dem Verlag möglich, auf seinem eigentlichen Gebiet weiterzuarbeiten: dem der Arbeits- und Sozialpolitik. Eine unter damaligen Verhältnissen weit wichtigere Konsequenz ist allerdings die nunmehr gesicherte Papierzuteilung.

Neue Herausforderungen für den Verlag lassen aber nicht lange auf sich warten. So werden seit den 1940er-Jahren in enger Zusammenarbeit mit dem Geschäftsführer der gewerblichen Berufsgenossenschaften, Dr. Herbert Lauterbach, Unfallverhütungsbroschüren herausgegeben. Ab sofort gilt es, die Bestimmungen des Arbeitsschutzes auf eine sowohl informative als auch unterhaltsame Art umzusetzen. Und genau darin besteht die Premiere für den bisher vorwiegend im juristischen Bereich tätigen Verlag. Die hierzu in Heftform erscheinenden Publikationen schlagen bereits im Titel einen Ton an, der nicht unbedingt an arbeitsrechtliche Veröffentlichungen denken lässt: „Der Griff ins Leere", „Der verhängnisvolle Augenblick", „Schicksale hinter Maschinen" etc. Erinnert schon die Dramatik der Überschriften an Groschenromane, so tragen die Illustrationen des Berliner Malers Max Ludwig ihren Teil dazu bei. Ganz in diesem Sinne gestaltet sich auch der Inhalt der Hefte. Neben „Schilderungen von Unfällen auf Grund einwandfreien Tatsachenmaterials" finden sich nämlich auch „Erzählungen

„Das werden wir gleich wieder haben", denkt Max Melzer, „ich muß nur den Riemen wieder heraufbekommen, der die beiden Triebwerkwellen verbindet." Melzer weiß, daß heute die Arbeit drängt und die Maschine schnell wieder in Gang kommen muß. „Das ist auch bald

aus der Arbeit". Ganz diesem halbfiktionalen Charakter der Publikationen entsprechend trägt die zweite Reihe der Broschüren den Titel „Geschichten aus der Wirklichkeit".

Aber nicht nur im Hinblick auf die politischen Verhältnisse sind die Unfallverhütungsbroschüren von unschätzbarem Wert. Auch in wirtschaftlicher Hinsicht sichern sie den Weiterbestand des Verlages.

Auf keinem anderen Gebiet werden Auflagen von durchschnittlich 50 bis 60 000 Exemplaren erreicht – das Heft „Männer vom Bau" erscheint sogar in einer Auflage von 250 000 Stück.

Von den Neuveröffentlichungen auf dem Gebiet des Steuerrechts verdient vor allem das „in schmiegsamem Kunstleder" gebundene Nachschlagewerk „Sieh nach im Steuer ABC" (1941) besondere Erwähnung. Denn hier wird das charakterisierte Publikationsmodell durch eine inhaltliche Straffung und ein handlicheres Format nochmals optimiert. So erscheint es nicht als Loseblattwerk, sondern als Taschenlexikon. Weitere Titel auf diesem Gebiet betreffen u. a. die Steuerbilanz und die steuerliche Betriebsprüfung. Abgesehen von dem mittlerweile zum Standardwerk avancierten „Steuerrecht von A–Z", das bis 1945 laufend ergänzt und mehrmals neu aufgelegt wird, geht die Nachfrage nach diesen Werken allerdings zusehends zurück. Der Verlag muss sich nach neuen Publikationsmöglichkeiten umsehen.

Die Bereiche, in denen ein relativ unproblematisches verlegerisches Arbeiten möglich scheint, sind begrenzt. Neben Fachliteratur, wissenschaftlichen sowie politisch-propagandistischen Publikationen im Rahmen des „Wehrschrifttums", deren Herausgabe sich aus naheliegenden Gründen verbietet, ist dies vor allem die Belletristik. Entsprechend wird der Verlag in den Jahren bis Kriegsende in diesem Bereich tätig. Gemeinsam mit Walter Schirmeier, der fortan im Verlag als Lektor fungiert, wird zügig ein schöngeistiges Programm entwickelt: „Die Neue Lese".

Die insgesamt 16, durchschnittlich 150 Seiten umfassenden Bändchen der Reihe sind allesamt der leichten Muse zuzuordnen. Sie genießt gerade während der Kriegsjahre große Beliebtheit. In meist vormodernen, teils idyllischen Gegenden angesiedelt werden durchweg unpolitische, allge-

erledigt, dazu braucht man nun wirklich nicht erst das ganze Triebwerk abzustellen." (...) Da öffnet sich die Tür zum Arbeitsraum. Ein Windstoß weht herein, fängt sich in dem Kittel Melzers. Dadurch erfaßt die Triebwelle den Kittel – wickelt ihn auf – und reißt den Arbeitenden mit. Irgend jemand schreit entsetzt auf. Melzer weiß nicht, wie ihm geschieht. Er spürt einen heftigen Zug, verzweifelt versucht er sich mit aller Gewalt loszureißen. Ein Schrei dringt entfernt an sein Ohr. Dann schwinden ihm die Sinne..." („Nur ein Windstoß", aus: Werkkamerad, gib acht! Heft 3.)

meinmenschliche Themen abgehandelt. Aus ihnen spricht zumeist die Sehnsucht nach einer heilen – oder zumindest heileren – Welt. Sowohl die Auswahl der Autoren als auch die allgemeine inhaltliche Tendenz entspricht weitestgehend den Bedürfnissen der Leserschaft jener Zeit.

Unter den Romanen, Erzählungen, Lyrikbändchen und Novellen der „Neuen Lese" finden sich neben einer „von Geheimnis und Leidenschaft durchtönten" nordischen Familiensaga beispielsweise ein „heiterer Moselroman" mit dem Titel „Das Hochzeitswasser", der Novellenband „Bunte Zirkuswelt" oder der „moderne, fesselnde" Frauenroman „Die Freundin".

Die meisten Bände der „Neuen Lese" finden großen Zuspruch. Einige von ihnen werden bis zu sechsmal neu aufgelegt – ein Umstand, der sich zum einen durch die Beliebtheit der Reihe, zum anderen aber auch durch die allgemeine Buchknappheit nach 1942 erklären lässt. Sie erscheinen zunächst als „Originalausgabe" in einer Normauflage von 5 000 Stück. Diese Zahl ist damals durch die Reichsschrifttumskammer festgesetzt. In der Folge werden die Bände auch als Feldpostausgabe herausgebracht, wodurch wiederum die Papierzuteilung für den Verlag gesichert ist.

Bücher für Sie bringt Die Neue Lese

Neuerscheinung 1941

Gösta af Geijerstam
Die Menschen auf Braenna
Roman
Aus dem Norwegischen übersetzt von Else von Hollander-Lossow
256 Seiten. Geschmackvoll gebunden RM 4,80

Wie eine aus dem Strom der Zeiten aufklingende, von Geheimnis und Leidenschaft durchtönte Saga liest sich dieser Roman Gösta af Geijerstams. Irgendwo in der Einsamkeit und erhabenen Strenge der skandinavischen Landschaft liegt der Braenna-Hof, auf dem die Bäuerin Kari die Zügel straff in Händen hält. Der Mann verscholl nach kurzer Ehe, ihr blieben die Söhne Peter und Stig und die Arbeit der mit Wachsen, Reifen und Ernten unablässig dahinfließenden Jahre. Bis sie in einer Nacht, in der der Sturm um den Hof tost und das Heulen der Wölfe schrecklich aus der Tiefe der Wälder dringt, das Findelkind Berret in ihre Kammer trägt — dieses seltsame Wesen, von dem die Leute nicht aufhören, sich zuzuraunen, es sei „ein Wolfskind". Behalten sie recht? Hilflos und voll Grauen muß Kari zusehen, wie mit dem Heranreifen des Mädchens ein Unheimliches die Ordnung und Eintracht, die früher auf Braenna herrschten, mehr und mehr zerstört, wie die Söhne haßerfüllt gegeneinander aufstehen und alles unaufhaltsam einer Katastrophe zutreibt, die sie zum Schluß selbst auslöst . . .
Wir lernen hier ein Werk kennen, das sich nach Sprache und dichterischer Kraft der Darstellung würdig dem großen, bereits ins Deutsche übersetzten Erzählungsgut des Nordens anreiht.

Die Neue Lese — immer interessant!

Mit den allgemeinen Lebensverhältnissen in Berlin gestaltet sich nach 1940 allerdings auch die Verlagstätigkeit zusehends schwieriger. Hat sich der Krieg bisher nur mittelbar in Form von Rationierungen, Kontingentierung und allgemeinen Restriktionen auf die verlegerische Arbeit ausgewirkt, so bekommt man nun direkt die Folgen der deutschen

Angriffspolitik zu spüren. Spätestens mit den schweren britischen und amerikanischen Bombardements im Winter 1943/44 ist an eine kontinuierliche Arbeit nicht mehr zu denken. Das Verlagshaus in der Genthiner Straße wird im November 1943 schwer beschädigt – die Türen des erst 1940 bezogenen Gebäudes sind durch die Explosionen aus den Angeln gerissen worden, zahlreiche Wände einsturzgefährdet. Ein weiterer Luftangriff im Frühjahr 1944 setzt den Dachstuhl in Brand. Ein Umzug ist unausweichlich. Mithilfe eines Dreirad-Transporters werden die wichtigsten Unterlagen und Maschinen ins Privathaus der Familie Schmidt nach Eichwalde geschafft, dessen Räume dem Verlag in den folgenden Monaten als Ausweichquartier dienen.

Im Herbst 1944 kehrt man schließlich in das notdürftig wiederhergestellte Stammhaus in der Genthiner Straße zurück. Ganze drei Publikationen können im ersten Halbjahr 1945 fertiggestellt werden. Angesichts des Zusammenbruchs der staatlichen Ordnung, der Allgegenwart von Tod und Verwüstung lesen sich diese drei Titel heute wie absurde Kommentare zum Zeitgeschehen: Neben den Unfallverhütungsbroschüren „Betriebssicherheit ist eine Leistung" und „Sicherheit auch hinter dem Ladentisch" erscheint das steuerrechtliche Beiheft „Die Entschädigung von Kriegsschäden an Gebäuden nach der Kriegsschädenverordnung".

Das 1945 zerstörte Nachbargebäude des Stammhauses

Nachdem im März 1945 die Bombardements beendet worden sind und die Sowjets zum Endkampf um Berlin ansetzen, sind 50 000 Berliner und Berlinerinnen durch den Luftkrieg umgekommen und über 600 000 Wohnungen völlig zerstört. Am 20. April stellt der Verlag seine Arbeit vollständig ein. Das nunmehr leerstehende Stammhaus dient ausgebombten Nachbarn in den nächsten Wochen als Unterschlupf.

Aus einem Brief Dr. Schmidts an den befreundeten Geschäftsführer der „Deutschen Verlagsgesellschaft", Dr. Rauschenbusch, vom 7. Februar 1944: „Ich bestätige unsere mündlich getroffene Vereinbarung bezüglich der Deutschen Verlagsgesellschaft und bezüglich meines Verlages. Demgemäß hätten Sie die Freundlichkeit, für die Weiterführung meines Verlages zu sorgen für den Fall, daß ich ausfallen würde. (...) Die Weiterführung meines Verlages durch Sie würde in Kraft bleiben bis mein Sohn in der Lage wäre, die Führung des Verlages selbst zu übernehmen."

NEUANFÄNGE 1945–1955

Notprogramm 1946: Leichte Muse, Klassiker und Jugendbuch

Am 2. Mai 1945 kapituliert der Berliner Stadtkommandant General Weidling vor der Roten Armee. In der Nacht vom 8. zum 9. Mai wird die bedingungslose Kapitulation der gesamten Wehrmacht unterzeichnet. Nur drei Tage nach Kriegsende, am 12. Mai, ergeht das „Gesetz zur Kontrolle von Druckschriften", das in Berlin bis Anfang der 1950er-Jahre den Rahmen für alle den Buchhandel betreffenden Bereiche absteckt. Danach bedarf jede verlegerische Tätigkeit einer von den Alliierten vergebenen förmlichen Zulassung. Für jede Einzelpublikation ist eine eigene Genehmigung erforderlich. Die Kriterien der Lizenzvergabe orientieren sich in erster Linie an den Zielen der „re-education", der Umerziehung der deutschen Bevölkerung hin zu einer freiheitlich-demokratischen Gesinnung und Denkweise. Dementsprechend müssen die Antragsteller „von höchster politischer Zuverlässigkeit" sein. Und das heißt, im Rahmen der Entnazifizierungsmaßnahmen zur Kategorie V der „Entlasteten" zählen. Daneben sind berufsspezifische Kenntnisse und Erfahrungen Voraussetzungen der Lizenzvergabe. Auch das Verlagsprogramm selbst darf natürlich keinerlei religiöse oder rassische Diskriminierung oder nationalistisches bzw. militaristisches Gedankengut enthalten.

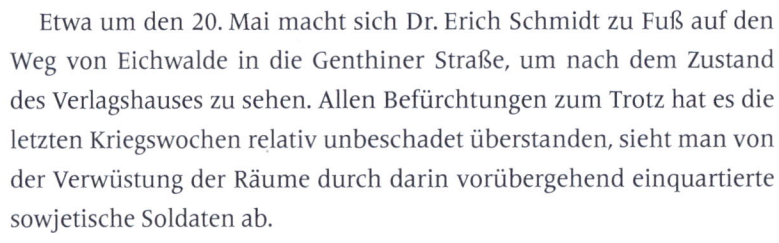

Etwa um den 20. Mai macht sich Dr. Erich Schmidt zu Fuß auf den Weg von Eichwalde in die Genthiner Straße, um nach dem Zustand des Verlagshauses zu sehen. Allen Befürchtungen zum Trotz hat es die letzten Kriegswochen relativ unbeschadet überstanden, sieht man von der Verwüstung der Räume durch darin vorübergehend einquartierte sowjetische Soldaten ab.

Es dauert seine Zeit, bis die Aufräumarbeiten so weit fortgeschritten sind, dass man wieder an eine einigermaßen geordnete Verlagsarbeit denken kann. Gleich im Anschluss reicht Dr. Erich Schmidt ein Verlagsprogramm bei der russischen Kommandantur ein. Die Sowjets

Verlagslizenz der Militärregierung

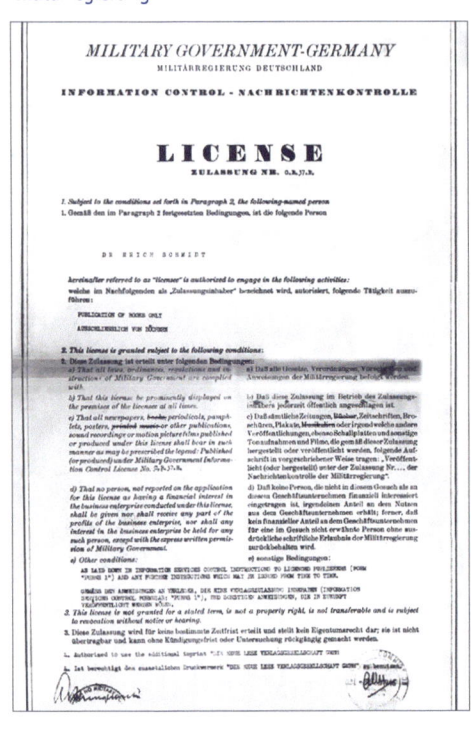

Das Verlagssignet 1946–48

sind bis Anfang Juli 1945 die einzige Besatzungsmacht in Berlin. Am 25. Juni 1945 erfolgt die Genehmigung. Nach dem Einzug der übrigen Alliierten ist jedoch eine weitere Lizenz erforderlich, da sich das Stammhaus nun im britischen Sektor befindet. Diese wird dem Verlag am 5. Februar 1946 erteilt.

Das vorgelegte Programm sieht eine Fortführung der „Neuen Lese" sowie der steuerrechtlichen Fachliteratur vor. Hinzu kommt die Herausgabe einer „Klassischen" und einer „Kleinen Reihe" – beides Publikationen auf dem Gebiet der Belletristik. In der ersteren sollen ausgewählte Werke der klassischen und romantischen Weltliteratur „sowie später (…) gesammelte Werke einzelner Klassiker" erscheinen, in der letzteren Novellen und Erzählungen von Boccaccio bis in die Gegenwart.

Mehrere Gründe mögen für die Veränderung des Verlagsprofils in den ersten Nachkriegsjahren verantwortlich sein. Zunächst ist in dieser Zeit der Bedarf an juristischer Fachliteratur relativ gering. Zum einen liegt dies an der allgemeinen Notlage, zum anderen an der Tatsache, dass neue staatliche Strukturen, die eine verlässliche Produktion auf dem Gebiet der Gesetzgebung hätten garantieren können, gerade erst im Entstehen sind. Ein anderer Grund, und der dürfte noch entscheidender sein, ist das nach Kriegszeiten besonders stark ausgeprägte allgemeine Bedürfnis nach „geistiger Nahrung". Dieses hat bereits in den Jahren nach 1918 zu einer enormen Nachfrage nach populärwissenschaftlichen sowie belletristischen Werken geführt.

Der Ausbau der belletristischen Abteilung erfolgt in zwei Richtungen. Einerseits wird der Bereich der Unterhaltungsliteratur im Rahmen der „Neuen Lese" um Liebes-, Abenteuer-, Arzt- und Kriminalromane erweitert. Andererseits legt man in der „Klassischen Reihe" Wert auf außerordentliche literarische Qualität.

Die Spur (1949)

„Ein fesselndes Buch, das den Geist der Forschungsarbeit sowie die Psychologie des Forschers ausgezeichnet erfaßt und sich nicht scheut, die Konflikte, die sich daraus ergeben, folgerichtig ablaufen zu lassen. Ich habe es mit Freude gelesen."
Professor Dr. med. Fl. A. Giens, Abteilungsleiter am Robert-Koch-Institut in Berlin

Die Auswahl der hier vertretenen Werke und Autoren macht allerdings zunächst stutzig. Gerade nach dem Krieg ist zu erwarten gewesen, dass sich der Verlag in einer solchen Reihe der deutschen Klassiker Goethes und Schillers, vielleicht auch Kleists und Heines annimmt. Deren Herausgabe hätte zur damaligen Zeit auch in wirtschaftlicher Hinsicht kein größeres Risiko dargestellt. Stattdessen aber erscheinen in der neuen Reihe fast ausschließlich Autoren, die – sei es aufgrund ihrer Lebensgeschichte oder der „Zerrissenheit" ihres Werkes – aus damaliger Sicht gerade als Gegenklassiker gelten können: Hölderlin, der „geistiger Umnachtung" anheimfällt, Büchner, der mit seinem fragmentarischen „Woyzeck" zum Vorläufer des Expressionismus wird, der Sturm-und-Drang-Dichter Justus Möser und schließlich Johannes Günther, der mit 28 Jahren Selbstmord begeht.

Doch die eigenwillige Auswahl erscheint nur auf den ersten Blick befremdlich. Das Anliegen des Verlages orientiert sich weniger an literaturhistorischen Gesichtspunkten als vielmehr an existenziellen Parallelen zwischen Vergangenheit und Gegenwart. Aus diesem Grunde werden gerade Autoren berücksichtigt, deren Werk maßgeblich durch schwerwiegende innere und äußere Krisen geprägt worden ist. Es geht hier nicht um die feierliche Rückbesinnung auf ein vermeintlich gesichertes Kulturerbe, sondern um den Versuch, neue geistig-moralische Grundfesten auszuloten. Sie sollen dem Einzelnen angesichts der umfassenden Katastrophe ein Stück Lebensorientierung ermöglichen.

Dem allgemeinen Bedürfnis nach geistiger Neubesinnung kommt der Verlag auch mit einer anderen, ebenfalls zu diesem Zeitpunkt ins Leben gerufenen Sparte nach: dem Erich Schmidt-Jugendbuch.

Am 31. März 1946 erscheint im Berliner Tagesspiegel eine Anzeige, in der „Autoren, die wirklich lebendige, moderne und originelle Ge-

„In Zeiten, in denen die Grundlagen fragwürdig geworden sind, wächst das Bestreben, tragfähige Boden zu betreten. Wo wäre er zuverlässiger zu finden als in den Ideen und in der Empfindungswelt unserer klassischen Dichtung!" Aus der Einführung zur „Klassischen Reihe".

schichten, Erzählungen und Buchmanuskripte für Kinder schreiben können ..." gesucht werden. Mit ihr beginnt knapp einen Monat nach Lizenzerteilung die Geschichte des ESV-Jugendbuches. Es wird 1946 unter der Leitung von Walter Schirmeier in die schöngeistige Verlagsabteilung eingeführt.

Worum geht es dem Verlag in diesem Bereich? Gerade im Kinder- und Jugendbuch hat die NS-Literaturpolitik zu einer umfassenden völkisch-nationalen Ideologisierung geführt. Publikationen auf diesem Gebiet haben „volkserzieherischen Forderungen" entsprechen müssen. Und das bedeutet den Vorrang der Gemeinschaft gegenüber dem Individuum sowie die Förderung konservativer ethischer Werte wie Pflichtbewusstsein, Ordnungssinn, Gehorsam und Opferbereitschaft.

Vor diesem Hintergrund wird ein Hauptanliegen des ESV-Jugendbuches verständlich: Jungen Lesern soll auf lebendige und unterhaltsame Weise die individuelle Entwicklung ihrer jugendlichen Persönlichkeit erleichtert werden. Geist, Gefühl und Fantasie stehen im Mittelpunkt und jede Art schulmeisterlicher Belehrung ist fehl am Platz.

Den Grundbaustein und Mittelpunkt des Programms bildet der Jugend-Almanach „Du und Ich", ein Potpourri aus Geschichten, Rätseln, Skizzen und Gedichten. Er erscheint erstmals im Winter 1945 und wird ab 1949 vorübergehend auch als monatliche Jugendzeitschrift herausgegeben.

Du und Ich (1949)

Einerseits findet man hier amüsante Unterhaltungsliteratur, die dem jungen Publikum auf humorvolle Art und Weise einen Weg in die veränderte Welt zu weisen sucht. Andererseits bietet die Jugendbuchreihe bei aller Leichtigkeit in Stil und Handlung auch ernstere Publikationen, die sich mit der jüngsten Vergangenheit befassen.

Als bekanntestes Beispiel sei hier „Der große Ameisenkrieg" von Gustav Sandgren genannt. Das Werk wird im Jahre 1950 in Schweden zum Bestseller und erscheint in der deutschen Fassung im Erich Schmidt Verlag. Es ist die Geschichte von vier benachbarten Ameisenreichen, die seit jeher friedlich zusammengelebt haben. Durch Starrsinn, Überheblichkeit und falschen Ehrgeiz eines Volkes werden sie in einen Krieg verwickelt, der die Beteiligten zu immer größeren Grausamkeiten verleitet. Altersgerecht aufbereitet versteht sich diese Erzählung als eine Parabel auf die kaum ein Jahrzehnt zurückliegenden Ereignisse.

In dem vom Generalsekretär der Vereinten Nationen verfassten Vorwort zu diesem Werk bezeichnet Trygve Lie den „Großen Ameisenkrieg" als ein Buch, „das Kindern und Erwachsenen zeigen soll, (…) was zu tun ist, dieses fürchterliche Unglück, das jeder Krieg mit sich bringt, zu verhindern."

Ganz dem übergeordneten Ziel der bildenden Unterhaltung bzw. unterhaltsamen Bildung entsprechend wird auch auf die fortschrittliche Kinderliteratur der 1920er-Jahre zurückgegriffen. Als prominentestes Beispiel sei hier der vielgelesene „Kai aus der Kiste" aus dem Jahre 1927 genannt, der im Übrigen auch Kästners „Emil und die Detektive" maßgeblich beeinflusst hat. Wolf Durians Klassiker spielt nicht – wie die meisten kindgerechten Bücher jener Zeit – in der vormodernen Kleinstadt oder ländlichen Idylle, sondern in der verkommenen Millionenmetropole Berlin. Die Geschichte vom Aufstieg eines Straßenjungen zum „Werbekönig" zeigt das Kind nicht in erster Linie als Gemeinschaftswesen, wie es die völkische Ideologie der NS-Zeit verlangt hat. Die Leserinnen und Leser erleben den Protagonisten stattdessen in seiner unverwechselbaren Individualität. Obwohl zum Zeitpunkt seiner Veröffentlichung im Erich Schmidt Verlag schon 20 Jahre alt stellt das Werk in pädagogischer Hinsicht demnach einen Neuanfang auf diesem Gebiet dar.

Der Ausflug in die Belletristik ist und bleibt allerdings nur eine vorübergehende Episode in der Verlagsgeschichte. Letztendlich wird das Erich Schmidt-Jugendbuch zu Beginn der 1970er-Jahre an einen Jugendbuchverlag abgegeben. Den-

„Alle Altersgenossen Kais haben ihre helle Freude an diesem hinreißend geschriebenen Buch, das selbst den Erwachsenen ein schmunzelndes Lächeln entlockt. Wer es nicht in einem Zuge ausliest, der ist kein richtiger Junge." (aus dem Verlagsprospekt zu „Kai aus der Kiste")

noch werden auch in diesem Rahmen Qualitäten in der Programmgestaltung deutlich, die dem Verlagshaus letztlich das Überleben in den Jahren nach dem Zusammenbruch sichern: eine bis zur Meisterschaft beherrschte Improvisationskunst und Flexibilität, die derartige Experimente überhaupt erst ermöglichen, gepaart mit einer Sachkenntnis, die stets auf Tuchfühlung mit den Entwicklungen der Zeit bleibt. Gerade diese wird den Verlag mit der Einkehr einigermaßen normaler gesellschaftlicher sowie marktwirtschaftlicher Verhältnisse nach 1948 auch bald wieder in die angestammten Gebiete zurückführen.

Bereichsmarke ESV-Jugendbuch

„Mit den Mitarbeitern des Verlages bestand damals engster, fast familiärer Zusammenhalt, bedingt durch die allgemeine Notsituation. Im Sommer und Herbst erschienen die Mitarbeiter in Eichwalde und holten sich Obst aus unserem Garten, Kartoffeln, die wir bei den umliegenden Bauern besorgt hatten, usw. Dieser enge Zusammenhalt wirkte sich in umgekehrter Weise aus, als wir 1950 kurz vor Weihnachten Eichwalde fluchtartig verlassen mußten, da die inzwischen entstandene DDR Dr. Schmidt der Wirtschaftsvergehen und der Spionage bezichtigte und wieder verhaften wollte. (…) Die Mitarbeiter kamen damals in ‚rollendem Einsatz' mit der Bahn nach Eichwalde und schleppten alles aus dem Verlag, was sie fortschaffen konnten. Ein für 100,– DM West, damals ein wahres Vermögen in der DDR, angemieteter LKW brachte nachts, was er an Mobiliar aufladen konnte, in den Verlag." E. K.

Das Buch als Tor zur Welt. Dr. Erich Schmidt als Vorsitzender der Berliner Verleger-Vereinigung

Angesichts der Fülle von Schwierigkeiten, die unmittelbar nach Kriegsende die Gesamtheit des Berliner Buchhandels betreffen, wird schon bald seitens einiger Verleger – unter ihnen Dr. Erich Schmidt – die Gründung einer gemeinsamen Interessenvertretung ins Auge gefasst. Für das Verlagswesen stellt die auch in den ersten Nachkriegsjahren anhaltende Papierknappheit das Hauptproblem dar. Da Berlin keine eigene Papierindustrie besitzt, ist man auf auswärtige Lieferungen angewiesen. Gerade aber der Interzonenverkehr gestaltet sich äußerst schwierig.

Andere Probleme ergeben sich direkt aus den veränderten politischen Verhältnissen, wie etwa die während der ersten Nachkriegsjahre durchgeführten Zensurmaßnahmen oder der Buch- und Zeitschriftenverkehr zwischen den Sektoren bzw. Zonen. In dem Maß, in dem der Alliierte Kontrollrat aufgrund der wachsenden Differenzen zwischen den Westmächten und der Sowjetunion als Entscheidungsträger in den Hintergrund tritt, geht die Macht auf die einzelnen Zonenbefehlshaber über. Die wiederum sind primär ihren jeweiligen Regierungen gegenüber verpflichtet, was zur Folge hat, dass die Unterschiede zwischen den einzelnen Zonen im Hinblick auf Verordnungen und gesetzliche Bestimmungen eher zu- als abnehmen. Und das betrifft vor allem auch die Ware Buch.

Eröffnung der Deutschen Buchausstellung für Beruf und Wissenschaft durch Dr. Erich Schmidt (1951)

Da jeder Befehlshaber in seinem Bereich festlegt, welche Publikationen verlegt und vertrieben werden dürfen, muss die Einfuhr sämtlicher Druckschriften aus den anderen Zonen mit großem bürokratischen Aufwand überwacht werden. Diese Einschränkungen betreffen sowohl die Versorgung mit Büchern aus anderen Teilen Deutschlands als auch den Vertrieb der eigenen Produktion.

In der Überzeugung, nur durch Zusammenarbeit aller am Buchhandel Beteiligten einer Lösung der drängendsten Probleme näherkommen zu können, setzt sich Dr. Erich Schmidt in den ersten Monaten nach Kriegsende wie kein anderer in Berlin für die Gründung einer gemeinsamen Interessenvertretung ein. Bereits am 5. Mai 1946 tragen diese Bemühungen erste Früchte. Im Stammhaus des Verlages in der Genthiner Straße formiert sich die „Deutsche Verleger- und Buchhändlervereinigung für den Britischen Sektor von Berlin". Zum ersten Vorsitzenden wird Dr. Erich Schmidt gewählt.

Doch dies ist nur ein erster Schritt. Trotz erbitterten Widerstands seitens des Berliner Magistrats, der unter sowjetischem Einfluss steht, verfolgt Dr. Erich Schmidt seine Pläne zur Gründung einer Gesamt-Berliner Vereinigung weiter. Er stößt damit allerdings auch in den eigenen Reihen mitunter auf taube Ohren. Zu wirklichkeitsfern erscheint den übrigen Mitgliedern die Idee einer solchen sektorenübergreifenden Organisation. Doch schon ein halbes Jahr später wird das unmöglich Geglaubte Wirklichkeit.

Am 21. November 1946 kommt es zur Gründung der „Berliner Verleger- und Buchhändler-Vereinigung e.V." Es ist eine Sensation unter damaligen Verhältnissen. Nirgends sonst in Deutschland ist zu jenem Zeitpunkt Vergleichbares erreicht worden: eine über die politischen Grenzen hinweg handlungsfähige Interessenvertretung.

Zum Vorsitzenden des neugegründeten Vereins wird wiederum Dr. Erich Schmidt gewählt, der sich auch in den Folgejahren mit Enthusiasmus für den Berliner Buchhandel einsetzt. Anlässlich der 1947 in Berlin abgehaltenen Tagung des deutschen Buchhandels heißt es rückblickend im „Börsenblatt" (Nr. 65 / 1967, S. 1808): „Das Gesamtbild der Berliner Tagung bestimmte ganz wesentlich ihr Initiator und Leiter, der Verleger Dr. Erich Schmidt, eine von Idealismus

Berlins Regierender Bürgermeister Dr. Ernst Reuter und Dr. Erich Schmidt auf der Deutschen Buchausstellung (1951)

und Optimismus geprägte Persönlichkeit von mitreißender Tatkraft und unermüdlicher Hingabe an seine Ziele, die er mit dem genialen Schwung seiner überzeugungsstarken Rede vertrat."

Im selben Jahr findet die Deutsche Buchausstellung in Berlin statt, zu der etwa zwei Drittel der in Deutschland zugelassenen Verlage im Schloss Charlottenburg ihre Neuerscheinungen präsentieren. In seiner Eröffnungsrede schildert Dr. Erich Schmidt die Bedeutung des „neuen Buches" wie folgt: „Es will dem eigenen Volk die Tore aufstoßen zur Welt, und es will die Brücken schlagen zu den Nationen jenseits unserer Grenzen. Es will aber auch Bekenntnis sein zu einem freien geistigen Schaffen, es will Wegbereiter und Begleiter sein zu einer besseren deutschen Zukunft in einem neuen Europa."

Dr. Erich Schmidts Engagement gilt gerade zu jener Zeit der sich verschärfenden Spannungen zwischen den westlichen Alliierten und den Sowjets der Einheit des deutschen Buchhandels. Doch diese Bemühungen stehen von Beginn an unter ungünstigen Vorzeichen. Anfang 1948 findet die letzte Kontrollratssitzung statt, an der alle vier

Die Ausstellungshallen

Besatzungsmächte teilnehmen. Die Währungsreform vom Juni desselben Jahres koppelt die sowjetische Besatzungszone endgültig von den westlichen Zonen ab. Sie wird von der Sowjetunion als Anlass für die 11 Monate währende Blockade Berlins von Juni 1948 bis Mai 1949 genutzt.

Mit der Blockade Berlins gilt es, sich auch auf gesamtdeutschem Parkett für die Belange der eingeschlossenen Stadt und die Einheit des deutschen Buchhandels einzusetzen. Auf Initiative Dr. Erich Schmidts erscheint am 5. Oktober 1948 im Börsenblatt eine „Sondernummer Berlin", in der eindringlich ein grenzenloses Buchwesen gefordert wird. Doch die weiteren politischen Entwicklungen machen alle diesbezüglichen Hoffnungen zunichte. Nach der Gründung der beiden deutschen Staaten muss Dr. Erich Schmidt auf der Generalversammlung der Verleger- und Buchhändler-Vereinigung im März 1950 einräumen, „dass sich im letzten Jahr die Verhältnisse stärker erwiesen haben als der gute Wille".

Einen letzten Erfolg seiner Bemühungen stellt die im April 1952 in Berlin stattfindende Tagung des „Börsenvereins Deutscher Verleger- und Buchhändler-Verbände" dar. Hier wird noch einmal in leidenschaftlichen Plädoyers die Freiheit des Geisteslebens und die Überwindung der neuen politischen Grenzen gefordert.

Knapp einen Monat später, am 22. Mai 1952, erliegt Dr. Erich Schmidt einem schweren Rückenmarksleiden. „Mit ihm", so das „Börsenblatt" rückblickend, „verlor der deutsche Buchhandel (...) eine seiner markantesten Persönlichkeiten". Es ist dieser unermüdliche persönliche Einsatz, der ihm posthum eine besondere Würdigung zuteilkommen lässt: die Verleihung des Bundesverdienstkreuzes. So schreibt der Regierende Bürgermeister von Berlin, Dr. Ernst Reuter, am 30. August 1952 in der Vorschlagsliste für die Verleihung des Verdienstordens der Bundesrepublik Deutschland: „Dr. Sch. hat sich nach dem Zusammenbruch um den Aufbau und die Neuorganisation des Berliner Buchhandels ein besonderes Verdienst erworben. Mit niemals erlahmender Energie hat er sich für den Wiederaufstieg und die Wiederanerkennung Berlins als führender deutscher Buchstadt eingesetzt."

„Der frühe Tod von Dr. Schmidt senior war eine unmittelbare Folge der Flucht aus Eichwalde. Er hat die dortige Verfolgung, den Verlust des Eichwalder Hauses, in das er einst aus Frankfurt mit einem kleinen Handkoffer gekommen, eingezogen war, und das er 1927 erworben hatte, nicht verwunden. Er erkrankte 1951 schwer, arbeitete aber bis kurz vor seinem Tod weiter." E. K.

Der Marsch durch die Ministerien.
Marketing 1950

Aber nicht allein die „großen Dinge" berühren das Tun des Verlages in der direkten Nachkriegszeit. Auch die „kleinen Widrigkeiten" werden von den Verhältnissen geprägt. Selbst Verkaufsabschlüsse lassen sich mitunter nur auf ungewöhnlichen Wegen erzielen. Manchmal muss man sich „ganz vorne" – in den Ministerien – anstellen. Ein Dokument liefert hier vielsagende Einblicke. Dabei gebührt eine nachträgliche Auszeichnung für seinen unermüdlichen Einsatz im Labyrinth der Ministerien Dr. von Perfall, dem Bielefelder Vertriebsmitarbeiter und Autor des nachstehenden Briefes vom 15. April 1950. Er berichtet dem Geschäftsführer der Bielefelder Niederlassung, Ludwig Wulkop, von seinen mitunter grotesken Erlebnissen auf den Fluren und in den Büros der Bonner Beamten.

Hintergrund der eilfertigen Bemühungen ist eine Gesamtausgabe des seinerzeit wieder populären Dichters Walter von Molo, deren Publikation der Verlag zum 70. Geburtstag des Dichters im Juni 1950 plant. Für dieses Projekt versucht der Vertreter, prominente Politiker – mit allen Mitteln der Kunst – zur Subskription zu bewegen. Als ebenso amüsanten wie zeitgeschichtlich interessanten Einblick in die Verlagstätigkeit jener Jahre wird der Brief in gekürzter Fassung wiedergegeben.

Lieber Herr Wulkop! *Bad-Honnef, den 15.4.50*

Zum Wochenende einen kurzen Bericht auf einer altertümlichen Maschine. Das Unternehmen läßt sich durchaus anders an als man gedacht hat. Ich war nun zweieinhalb Tage tätig und habe ganze 16 Unterschriften zusammen, darunter zehn Minister. Jede Unterschrift bedeutet eine Jagd und ein Abenteuer.

Zunächst erwies sich die Unterschrift Adenauers als größtes Hindernis. Kein Mensch wollte sich unter den Bundeskanzler einzeichnen. Ich arbeite bei Behörden! Erst als der erste Minister unterzeichnet hatte, war bei diesem Ministerium wenigstens der Bann gebrochen. Ich kam also zunächst gar nicht vorwärts.

Bei den nächsten Ministerien die gleiche Kalamität. Kein Staatssekretär wollte vor seinem Minister, kein Ministerialdirigent vor seinem Staatssekretär, kein Ministerialrat vor seinem Ministerialdirektor unterschreiben. Versuche bei anderen Ministerien ergaben dieselbe Schwierigkeit. Mir blieb also nichts anderes übrig, als zunächst die Unterschriften der 13 Bundesminister einzuholen, um dann in den Ministerien weiterarbeiten zu können. (…)

Im Justiz- und Innenministerium habe ich das durchexerziert und sämtliche Beamten bis zum Regierungsrat hinunter besucht. Ich mußte sehr vorsichtig sein, da in allen Ministerien ein solches Beginnen strengstens verboten ist und ich von den persönlichen Referenten der Minister auch sofort darauf hingewiesen wurde. Ich bin natürlich dennoch von Tür zu Tür, mußte mich aber dabei immer wieder von allen möglichen Beamten, Polizisten, Hausmeistern, ja selbst von Aktenboten zurechtweisen lassen. Das Ergebnis war recht kläglich.

Von jedem Beamten wurde ich sehr freundlich empfangen, aber jeder klagte sein Leid, als er merkte, daß seine Glückwünsche an den Dichter mit einer langfristigen Zahlungsverpflichtung und der Abnahme des Gesamtwerks verbunden war. Zwei Bundesminister (!) äußerten starke Bedenken gegenüber solcher Geldausgabe! (…) Einige lehnen Molo brüsk ab, andere haben teilweise seine Bücher, wollen sie aber nun nicht alle usw. usw. Sie zeigen ihre verschlissenen Oberhemden vor. Für 60,– DM, die Molo kostet, könnten sie sich 2 neue kaufen. Ihre zahlreichen Kinder bräuchten zuviel. (…)

Soweit die finanziellen Hindernisse. Im übrigen: Die Ministerien liegen weit auseinander. Trotz Bahnen und Omnibussen laufe ich täglich gut und gern meine 8 km inkl. Flure, Treppen usw. Meine Arbeitszeit ist relativ kurz: Vor 9.30 Uhr ist niemand zu sprechen, ab 17 Uhr waschen sich die Herrn die Hände zum Aufbruch. Von da ab arbeite ich zwar weiter, erwische aber nur einzelne.

In den Zwischenzeiten sind sie besetzt, haben Sitzungen, Besprechungen, andere Besuche oder hüllen sich mit ministerialischer Angabe in eine Wolke

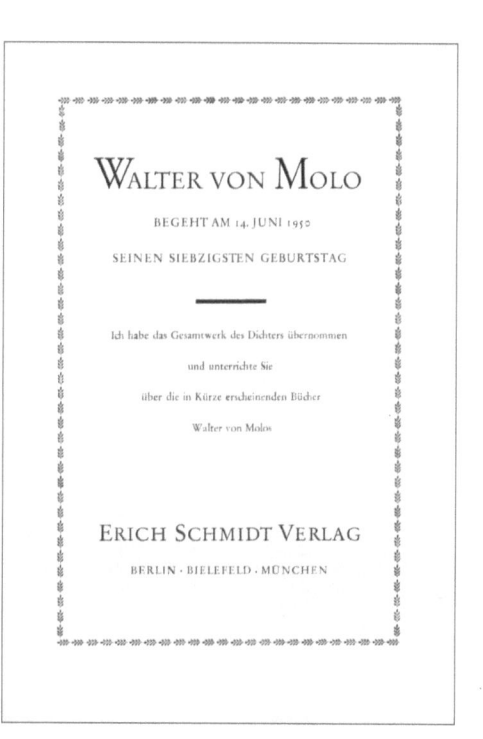

von Arbeitsüberlastung. Ich muß oft warten. (...) Die Sekretärinnen und persönlichen Referenten auch der Staatssekretäre und Ministerial-Dirigenten sind in ihrer anmaßenden Neugier unerträglich: „Worum handelt es sich?? Woher kommen Sie?? Kann ich das erledigen?? Ist das wichtig??" Dabei kann ich den Leutchen nicht erklären, was ich wirklich will, denn dann komme ich nicht durch. Also rede ich etwas von Dichterehrung, Unterschrift, Adenauer und Heuss, Glückwunschadresse usw. So geht es dann meist. (...)

Freitag war Bundesratsitzung. Ich habe mich, neben einem Minister einherschreitend, in den Bundesrat (das Bundeshaus ist sonst nicht zugänglich!) hineingeschmuggelt, bin in den Sitzungssaal und habe den Chef des Protokolls gebeten, mich eine halbe Minute vor Beginn der Sitzung zu den 200 Herren sprechen zu lassen. Es wurde mit Bedauern und dem Hinweis auf die Dringlichkeit der Tagesordnung abgelehnt.

Im Zimmer Katzenbergers hörte ich von einer Ministerbesprechung. Ich bat, den Ministerpräsidenten Kopf sprechen zu dürfen. Er kam heraus und ließ sich überreden, mich in die Sitzung mit hineinzunehmen, wo ich dann meinen Vortrag gleichzeitig vor Spieker, Kopf und Waitz hielt, alle drei zufällig anwesenden Minister zur Unterschrift bewog, wobei Katzenberger sich nicht ausschließen konnte.

Dort erfuhr ich auch, daß auf dem Hotelschiff Knurrhahn am Nachmittag eine Innenminister-Besprechung stattfand. Ich lief zum Schiff, hoffend, sämtliche Innenminister der Länder vielleicht geschlossen zu erwischen. Man hielt mich wohl für einen Ministerialbeamten, die Lakaien schleusten mich bis in den Schiffsbauch hinunter, entrissen mir die Garderobe und führten mich ins Sitzungszimmer. 30 Herren im blauen Dunst! Die Sitzung hatte bereits begonnen.

Ich stand nun da, man erspähte mich, einer der Minister bat mich Platz zu nehmen. Da hab ich ihm dann kurzerhand meinen Adenauer unter die Nase gehalten und gebeten, die Herren zur Unterschrift einladen zu dürfen. Sie wurden zwar neugierig, doch wurde ich mit dem Bemerken, man habe sich hierher zurückgezogen, um ungestört verhandeln zu können, höflich hinauskomplimentiert. (...)

Aus diesen Beispielen ersehen Sie, daß ich wahrlich das Äußerste an Initiative und Dreistigkeit, will man es so nennen, wage. Ich habe keineswegs den Mut sinken lassen. Ich erschaure auch nicht in Ehrfurcht vor ministerialen Häuptern, roten Plüschteppichen und Mahagonitüren. Die Aufmachung ist nebenbei wirklich fürstlich und dazu angetan, einen dieses Millieus Ungewohnten einzuschüchtern.

An Worten fehlt es mir wahrlich auch nicht. Der Senatspräsident Rotberg, der mich nach Ach und Weh empfing und unterschrieb, sagte mir: „Ich hätte Lust, Sie für besondere Zwecke zu engagieren." So etwas von Geschick-

lichkeit, einen Menschen zu etwas zu überreden, das ihn eigentlich kalt lasse, sei ihm noch nicht vorgekommen. Er unterzeichnete aus Bewunderung vor soviel Schneid, mit dem ich seinen Widerstand besiegt habe und mit der ich eine Sache vorträge, die s.E. von vornherein zum Mißerfolg verurteilt sei. Mir gingen diese Worte natürlich wie Öl herunter. Und ich schreibe sie Ihnen nur auf, lieber Herr Wulkop, damit Sie überzeugt sind, daß ich wirklich mein Letztes hergebe, um das zu schaffen, was Herr Dr. Schmidt von mir erwartet. Gottlob bin ich wirklich in solchen Sachen hemmungslos. (…)

Ich weiß nicht, wann Herr Dr. Schmidt wieder in Bielefeld ist. Bitte seien Sie so freundlich und unterrichten ihn bei nächster Gelegenheit über meine Arbeit. Diese elende Maschine, auf der anscheinend Adam bereits schrieb, kann ich nur eine halbe Stunde haben. Es reicht also nicht für einen sauberen und weiteren Bericht.

Grüßen Sie bitte alle Mitarbeiter von mir.
Herzlichst Ihr

Anlage: 16 Bestellungen

Aus den weiteren Unterlagen im Anhang dieses Briefes geht hervor, dass die geplante Gesamtausgabe der Werke von Molos, für die die Subskription gedacht ist, niemals realisiert wird.

Grundsteinlegung: Das Verlagsprogramm der 1950er-Jahre

Bis in die späten 1940er-Jahre hinein steht das gesamte Verlagswesen im Zeichen einer von den Besatzungsmächten bestimmten dirigistischen Wirtschaftspolitik. Diese wird erst mit der Währungsreform schrittweise von normalen marktwirtschaftlichen Verhältnissen abgelöst. Die unmittelbaren Kriegsfolgen – zerstörte oder schwer beschädigte Druckereien, anhaltende Papierknappheit, bürokratische Hindernisse – erschweren die Arbeitsbedingungen beträchtlich. Allerdings stellen die Jahre bis 1948 im Hinblick auf die Umsatzentwicklung relativ unbeschwerte Verhältnisse dar. Praktisch alles, was auf dem Gebiet der Belletristik in Buchform erscheint, findet umgehend Absatz.

Wer bereits im Besitz einer Lizenz ist und Papier erhält, kann angesichts der großen Nachfrage nach Literatur sowie der Tatsache, dass ansonsten kaum Konsumgüter auf dem Markt sind, mit garantiertem Erfolg rechnen. Das Buch der ersten Nachkriegsjahre ist heißbegehrt – und zwar nicht nur als Lesestoff. Lediglich ein Teil der Auflage findet den Weg zum Kunden, der Rest wird von den Buchhändlern als Wertanlage eingelagert oder gelangt als gefragtes Zahlungsmittel direkt auf den Schwarzmarkt.

Eine regelrechte Flut an Verlagsneugründungen setzt angesichts dieser Entwicklung ein, von der im Übrigen auch der Erich Schmidt Ver-

Das Verlags-Sonderschaufenster in „Wolff's Bücherei", Berlin-Friedenau (1948)

lag profitiert. So erscheint etwa die überarbeitete Fassung des Verlagsklassikers, das „Neue Steuerrecht von A – Z", zwischen 1946 und 1949 in einer bestsellerverdächtigen Auflage von 25 000 Stück. Erst Anfang der 1950er-Jahre geht die Auflage auf ein „realistisches" Maß zurück – und das heißt auf etwa 8 000 verkaufte Exemplare.

Auf der anderen Seite erschweren die politischen Verhältnisse, allen voran die zunehmenden Ost-West-Gegensätze, die Verlagstätigkeit erheblich. Vor allem Verkehr und Transport zwischen den Besatzungszonen sind davon betroffen. Da der Verlag existenziell auf die Lieferungen in die westlichen Zonen angewiesen ist, wird 1946 eine Außenstelle in Detmold eingerichtet. Sie geht 1948 in der Bielefelder Niederlassung auf. Im selben Jahr, 1948, folgt die Gründung der Münchner Zweigstelle.

Eine für die weitere Verlagsentwicklung glückliche Entscheidung, wie sich in den folgenden Jahren zeigen soll. Denn mit der Währungsreform vom Juni 1948 ändern sich nicht nur die ökonomischen, sondern auch die politischen Verhältnisse.

Haben bisher Ost- und Westmark als Doppelwährung nebeneinander Bestand gehabt, so setzt nun die völlige Abkoppelung der sowjetischen von den westlichen Besatzungszonen ein. Für den Verlag bedeutet dies den Verlust eines beträchtlichen Absatzmarktes. Die Situation verschärft sich durch die Berlin-Blockade weiter. In ökonomischer Hinsicht bringt die Währungsreform im Bereich des Buchhandels eine Art „Reinigungskrise" mit sich. Der Wertverlust des Geldes und das gewachsene Angebot an Konsumgütern lassen die Buchnachfrage wieder in gewohnte Bahnen zurückkehren. Für die einen bedeutet dies einen drastischen Rückgang der Auflagenhöhen. Für die anderen bedeutet es das Aus: Ein Drittel der 1948 lizenzierten Verlage ist Mitte der 1950er-Jahre schon wieder vom Markt verschwunden. Auch für den Erich Schmidt Verlag gilt es nun, sich in der Programmgestaltung wieder auf Normalverhältnisse einzustellen.

In den Bereichen des Verkehrswesens und des Steuerrechts – der Einstieg auf sozialrechtlichem Gebiet erfolgt etwas später – wird das Programm auf der Basis der bestehenden Grundlagenwerke deutlich ausgebaut. Bereits 1946 erscheinen das „Neue Steuerrecht von A – Z" sowie „Die Steuergesetze". 1948 folgt eine überarbeitete Fassung des „Kraftverkehrsrechts von A – Z". Dem schließen sich zunächst Publikationen an, die einzelne Aspekte oder Bereiche des jeweiligen Grundlagenwerks näher beleuchten. Dazu zählt beispielsweise die 1949 von Dr. Werner Weigelt publizierte „Verkehrsrechts-Sammlung", die ausschließlich den Bereich der Rechtsprechung umfasst oder im „Kraftverkehrsrecht von A – Z" nur eine untergeordnete Rolle spielt. Parallel zu dieser inhaltlichen Vertiefung bringt der Verlag vereinfachte Überblickswerke wie etwa die „Grundlagen des deutschen Steuerrechts" auf den Markt. Sie sollen vor dem Hintergrund der rasch wachsenden Gesetzesmenge dem Anspruch schneller Orientierung genügen.

Beide Tendenzen sind stark an den Bedürfnissen der juristischen Praxis ausgerichtet. Ebenso verhält es sich mit der zielgruppenspezifischen Differenzierung des Programms, die sich im Laufe der 1950er-Jahre in fast allen Verlagsabteilungen durchzusetzen beginnt. So erscheinen beispielsweise „Steuer ABCs" für verschiedene Berufsgruppen oder verkehrsrechtliche Publikationen speziell für das Speditionswesen.

Neben einer Programmvertiefung und -erweiterung in den traditionellen Bereichen betritt der Verlag zugleich auf mehreren Gebieten Neuland: Wirtschaftsrecht und Außenhandel, Technik und Bauwesen, die ZAHLENBILDER-Reihe sowie, etwas versetzt, die Philologie kommen als neue Abteilungen hinzu. Sie zählen zu den Fundamenten der Verlagsstruktur.

Der Aufbau der jeweiligen Bereiche verläuft dabei recht ähnlich: Am Beginn steht in der Regel ein umfassendes Überblickswerk. Auf betriebswirtschaftlichem Gebiet bietet das „Kaufmännische Praktikum" in seinen vier Bänden – dem „Buchführungs"-, „Kalkulations"-, „Betriebs"- und „Revisions-Universum" – einen Querschnitt durch alle Bereiche erfolgreicher Betriebsführung. Im Bereich des Außenhandels wird mit dem Loseblatt-Handlexikon „Das neue Außenhandelsrecht" von Dr. Joachim Wapenhensch bereits 1948 eine umfassende Sammlung sämtlicher Gesetze, Bestimmungen und Richtlinien veröffentlicht.

Parallel zu den gesamtökonomischen Entwicklungen – das Umsatzvolumen der deutschen Exportindustrie steigt allein zwischen 1952 und 1956 um über 100 % – setzt Mitte der 1950er-Jahre ein verstärkter Ausbau der Verlagsabteilung Außenhandel ein. In deren Mittelpunkt stehen zunächst die Veröffentlichungen der Bundesstelle für Außenhandelsinformationen. Es erscheinen Länder-

Der Verlags-Messestand auf der Frankfurter Buchmesse (1953)

Neues Steuerrecht von A–Z (1946)

Werbung in den USA (1957)

ZAHLENBILDER aus Politik, Wirtschaft und Kultur (1949)

Handbücher, die den Exportunternehmen eine genaue Kenntnis der rechtlichen, wirtschaftlichen und sozialen Gegebenheiten des jeweiligen Staates vermitteln. Hinzu kommt die Schriftenreihe „Außenhandel und Weltwirtschaft", in der das Fachpublikum detailliert über einzelne Aspekte der Exportwirtschaft informiert wird. So finden sich in den Bänden „Werbung im europäischen Ausland" sowie „Werbung in den USA" grundlegende Überlegungen zur Werbementalität des Ziellandes. Darüber hinaus erhalten die Leser vor allem anwendungsorientierte Hinweise zu den einzelnen Werbesparten, ergänzt durch handfestes praktisches Material.

Der Bau-Trichter (1946)

Ebenfalls aufs Engste mit den Anforderungen der Zeit verbunden ist die Publikationstätigkeit des Verlages auf bautechnischem Gebiet. Als eine der ersten Fachpublikationen nach dem Krieg erscheint 1946 als „Erfahrungsaustausch der Baupraktiker" der „Bau-Trichter". Diese Zeitschrift im A5-Format ist ganz den Problemen des Wiederaufbaus gewidmet. Sie wird Ende der 1940er-Jahre durch eine Fachbuchreihe flankiert. Im Jahr 1949 fasst der Verlag mit dem Loseblatt-Handlexikon „Straßenbau A – Z – Sammlung Technischer Regelwerke und amtlicher Bestimmungen für das Straßenwesen" in gewohnter Manier Fuß. Die Forschungsgesellschaft für das Straßenwesen unterstützt von Beginn an die Herausgabe des Werkes und übernimmt 1992 die Herausgeberschaft.

Im Hinblick auf die Publikation von Fachzeitschriften wird die Zusammenarbeit mit den Berufsgenossenschaften intensiviert und in fast allen Verlagsbereichen Kontakt zu Verbänden, öffentlichen Institutionen und Ministerien aufgenommen. Als Ergebnis dieser Bemühungen zählen nun „Verkehr und Technik", „Die Berufsgenossenschaft", „Die Tiefbaugenossenschaft", „Die Krankenversicherung", die „Deutsche Versicherungszeitschrift" u.a. zum festen Verlagsprogramm.

Mit den ab 1949 publizierten „ZAHLENBILDERN aus Politik, Wirtschaft und Kultur" erschließt sich der Erich Schmidt Verlag ein neues Feld verlegerischer Tätigkeit. Wirtschaft und Gesellschaft befinden sich in einer Phase des Umbruchs und Neubeginns. Entsprechend groß ist der Bedarf an allgemeinverständlicher und sachlicher Information. Dem kommen die ZAHLENBILDER in geradezu idealtypischer Weise entgegen.

Lange bevor der Begriff „Infografik" geboren ist, entwickeln die ZAHLENBILDER eine eingängige grafische Sprache zur Vermittlung selbst schwieriger und vermeintlich trockener Sachverhalte. Die behandelten Themen umfassen ein denkbar weites Spektrum: von den europäischen Wanderungsströmen der Nachkriegszeit über die Zusammensetzung der Bundesregierung, die Ergebnisse der britischen Unterhauswahlen bis hin zu der Frage „Wer gewinnt im Lotto?". So werden im Grunde genommen sämtliche Bereiche des gesellschaftlichen Lebens abgedeckt.

Die ZAHLENBILDER richten sich an alle politisch oder wirtschaftlich Interessierten und kommen in Wissenschaft, Presse- und Bildungswesen zur Anwendung. 1955 wird die Sammlung in zwei Loseblattwerken neu herausgebracht: für die Pressearbeit als „Redaktions-Archiv", für den schulischen Bereich als „Staatsbürgerkundliche Arbeitsmappe". Die ZAHLENBILDER werden zur Grundausstattung vieler öffentlicher und wissenschaftlicher Bibliotheken.

Die ZAHLENBILDER (1960)

Im Laufe ihres Bestehens bewährt sich die ansprechende grafische Gestaltung dieser Reihe ebenso wie ihr grundlegender Ansatz: Der in Fachstatistiken, Forschungsberichten und Gesetzestexten eher versteckte Informationsgehalt soll durch Vereinfachung und zeichnerische Umsetzung einer breiten Öffentlichkeit zugänglich gemacht werden. Ein verlagseigenes Redaktions- und Grafikteam gestaltet die Bildideen. Sie werden deshalb ebenfalls in Publikationen anderer Verlage immer wieder in Lizenz nachgedruckt oder später dann mit dem Aufkommen der sogenannten „Neuen Medien" auch digital wiedergegeben.

Mit Dr. Erich Schmidts Tod am 22. Mai 1952 wird seine Witwe, Dr. Hanna Schmidt, zur Eigentümerin des Verlages. Sein Sohn, Dr. Erich Schmidt jun., übernimmt dessen Leitung. Der zu diesem Zeitpunkt 29-Jährige hat sich durch seine Promotion im Fach Volkswirtschaft und durch Volontariate in Druckerei und Buchhandel ein breites Spektrum an theoretischen sowie praktischen Kenntnissen angeeignet. Diese weiß er umgehend einzusetzen. Ist der Verlagsgründer, wie zuletzt sein Engagement für den Berliner Buchhandel gezeigt hat, eine Persönlichkeit, deren Wirken sich über den Verlag hinaus auf die vielfältigsten Bereiche des öffentlichen Lebens erstreckt, konzentriert sich Dr. Erich Schmidt jun. vollständig auf die Verlagsarbeit. So setzt er all seine Energien in den weiteren Ausbau des Unternehmens. Ob in der grundlegenden Umstrukturierung des Vertriebs, der genauen Definition von Tätigkeitsfeldern in sämtlichen Bereichen des Verlages oder der Perfektionierung der Publikationsformen – von der Programmgestaltung bis hin zum Versand macht sich fortan die Tatkraft eines Menschen bemerkbar, dessen Stärken in der Systematik und einer ausgeprägten Detailgenauigkeit liegen, mit denen er seine anspruchsvollen Ziele verfolgt.

Der Aufbau und die Pflege von Kontakten zu Autoren ist Dr. Erich Schmidt jun. ein persönliches Anliegen. Neben einer Weiterentwicklung der juristischen Segmente wird auf seine Initiative hin das Engagement im Wissenschafts- und Forschungsbereich deutlich verstärkt. Von anderen Abteilungen, beispielsweise dem ESV-Jugendbuch, trennt man sich, um dem Verlag auch nach außen hin ein deutlicher umrissenes Profil als Fach- und Wissenschaftsverlag zu verleihen. Mit enormer Schaffenskraft, größter Fachkenntnis und umfassendem Weitblick führt Dr. Erich Schmidt jun. den Verlag zum Erfolg. Unter seiner Führung beginnt die systematische Programmentwicklung. Wie sich diese in den folgenden mehr als vier Jahrzehnten gestaltet, soll ein kurzer Rundgang durch die vier wichtigsten Abteilungen des Erich Schmidt Verlages zeigen.

Dr. Erich Schmidt jun. (1923-1985)

Grundsteinlegung: Das Verlagsprogramm der 1950er-Jahre

Weihnachtsfeier (ca. 1950): Dr. Ellinor Kahleyss (sitzend 1. re.), Dr. Erich Schmidt sen. (sitzend 5. re.), Dr. Hanna Schmidt (stehend 2. re.), Dr. Erich Schmidt jun. (stehend, Mitte)

Auf dem Grundstück des 1945 zerstörten Nebengebäudes wird 1962 das Stammhaus erweitert.

NEUANFÄNGE 1945–1955

Das 1941 erworbene Stammhaus des Verlages in der Genthiner Straße

BEWEGLICHE KONSTANTEN, NEUE AKZENTE
1955 – 1999

Traditionen von morgen: Sozialrecht und Arbeitssicherheit

Sozial- und Arbeitsrecht

Die Publikationspolitik, insbesondere auf sozialrechtlichem Gebiet, – und mit diesem soll der Rundgang durch die Verlagsbereiche beginnen – orientiert sich fortan konsequent an den jeweils aktuellen politischen Entwicklungen der Zeit. Schon in den 1930er-Jahren finden die großen sozialpolitischen Zäsuren praktisch zeitgleich Berücksichtigung im Verlagsprogramm. Hier sei etwa an den „Bestseller" „Die Altersversorgung des Handwerksmeisters" von 1939 erinnert. Diese Orientierung strikt weiterentwickelt spiegelt die Publikationstätigkeit der 1950er- und 1960er-Jahre durchgängig den aktuellen Stand der Gesetzgebung wider.

Der Wiederaufbau der sozial- und arbeitsrechtlichen Verlagsabteilung gestaltet sich zunächst schwierig. Die beiden Basispublikationen auf diesem Gebiet – das „Soziale Archiv" sowie der „Sozialpolitische Nachrichtendienst" – lassen eine direkte Fortsetzung nicht zu. Was ihnen vormals zum Vorteil gereicht hat, spricht nun gegen eine Weiterführung: Beide Werke sind so angelegt, dass sie den jeweils aktuellen Stand der Sozialgesetzgebung bis ins Detail widerspiegeln. Eine Überarbeitung würde damit einer Neuveröffentlichung gleichkommen. Dagegen spricht unter anderem auch die Publikationsform: Ein Pressedienst erscheint dem Verlag genauso wenig zeitgemäß wie eine enzyklopädisch detaillierte Sammlung aller sozialrechtlich relevanten Bestimmungen.

Im gleichen Maß wie die staatliche Sozialpolitik ab Mitte der 1950er-Jahre wieder in Schwung kommt, intensiviert der Verlag sein Engagement auf diesem Gebiet. Nachdem sich das Programm in den ersten Nachkriegsjahren auf die Weiterführung der Unfallverhütungsliteratur sowie auf die Herausgabe von Fachzeitschriften beschränkt hat, erscheint 1951 als umfassendes Basiswerk der Loseblatt-Kommentar „Die Sozialversicherung und ihre Selbstverwaltung".

Im Zuge der grundlegenden Rentenreform von 1957 stehen Werke zur neuen beitragsäquivalenten und einkommensbezogenen Rente im Vordergrund: Über die entsprechenden Bestimmungen informieren

Die Sozialversicherung und ihre Selbstverwaltung (1951)

unter anderem „Die Reform der Rentenversicherung", das Loseblattwerk „Betriebliche Altersvorsorge" oder „Das Gesetz über eine Altershilfe für Landwirte".

Hinzu kommt eine weitere, 1968 seitens der großen Koalition beschlossene umfassende gesetzliche Neuregelung, da die zunehmende Zahl von Altersrentnern einen Finanzausgleich zwischen der Arbeiterrentenversicherung und der Rentenversicherung der Angestellten notwendig macht. Bereits im Vorfeld dieser Reform entsteht Paul Gschwendtners „Das Berufs-ABC der Rentenversicherungszugehörigkeit". Der Leitfaden für die Sozialversicherungspraxis berücksichtigt Rechtsprechung, Erlasse, Bescheide und Schrifttum in lexikalischer Zusammenstellung nach Berufen und bildet bis 1997 einen festen Bestandteil dieses Verlagssegments.

Ein weiterer Schwerpunkt innerhalb der sozialrechtlichen Abteilung der 1960er-Jahre liegt im Bereich der Krankenversicherung. Neben der gleich nach Kriegsende begonnenen Herausgabe der Zeitschrift „Die Krankenversicherung", Publikationsorgan des Bundesverbandes der Innungskrankenkassen, bildet das Loseblattwerk „Die Krankenversicherung in Rechtsprechung und Schrifttum" den Grundstein auf diesem Gebiet.

Neben dem Gebiet der Krankenversicherung greift der ESV mit einem sehr bedeutend werdenden Werk das weite Themenfeld der Unfallversicherung auf. 1962 wird mit Dr. Werner Bereiter-Hahn eine Publikation mit dem Arbeitstitel „Unfallversicherungs-Neuregelungsgesetz" vertraglich auf den Weg gebracht. Das Werk erscheint ursprünglich in Buchform, dann als Loseblattwerk. Unter dem Titel „Gesetzliche Unfallversicherung" avanciert es zum Standard auf dem Gebiet. Mit der Werkmarke „Bereiter-Hahn" wird es zuerst von Dr. Heinz Schieke und später von Prof. Dr. Gerhard Mehrtens fortgeführt.

Anfang der 1970er-Jahre beginnen auf politischer Ebene die Vorarbeiten zu einem Projekt, das zweifellos zu den wichtigsten des Jahrhunderts auf dem sozialrechtlichen Gebiet der Bundesrepublik Deutschland zählt: die Entwicklung des Sozialgesetzbuches (SGB). Ein tragendes Kernstück der sozialrechtlichen Publikationen, der von Dr. Karl Hauck begründete SGB-Gesamtkommentar, steht unmittelbar mit den Entwicklungen in engster Verbindung. Nahezu mustergültig zeigt sich, wie die Verlagsarbeit die Rechtsentwicklung der Bundesrepublik Deutschland begleitet. Ein etwas ausführlicherer Blick auf die Vorgeschichte des SGB macht das deutlich.

Das Berufs-ABC der Rentenversicherungszugehörigkeit (1968, 9. Aufl. 1997)

Die ersten Ansätze zu einer Zusammenfassung und Vereinheitlichung aller sozialrechtlich relevanten Bestimmungen in einem eigenen Gesetzeswerk sind zwar schon wesentlich älteren Datums: Sie gehen auf die Zeit unmittelbar nach der Gründung der Bundesrepublik zurück. Doch erst im Zuge der sozialpolitischen Aufbruchsstimmung der 1970er-Jahre beginnt das Projekt SGB Gestalt anzunehmen.

Unter der Leitung von Dr. Karl Hauck nimmt 1970 eine Sachverständigenkommission ihre Arbeit auf. Deren Ziel ist es, durch die Kodifizierung eines Sozialgesetzbuches „das Sozialrecht für die Bevölkerung überschaubarer zu machen und seine Durchführung für die Verwaltung zu vereinfachen". Zum 1. Januar 1976 tritt mit dem Band I der Allgemeine Teil des damals vom Gesetzgeber auf zehn Bände konzipierten SGB in Kraft. Noch im selben Jahr erscheint im Erich Schmidt Verlag der erste Band des von Dr. Karl Hauck herausgegebenen Kommentars zu diesem Gesetz.

Die maßgebliche Beteiligung des Verfassers an der Konzeption und Umsetzung des Sozialgesetzbuches macht eine zentrale Qualität des Kommentars aus. Sowohl im Hinblick auf die historische Genese als auch auf sich bereits abzeichnende künftige Entwicklungen in den jeweiligen Bereichen vermag „der Hauck" den sozialpolitischen wie rechtsgeschichtlichen Horizont zu erhellen. Im Werk fügt sich Partikulares in umfassende Zusammenhänge ein. Eine Qualität, die sich gerade im Kommentar zum Allgemeinen Teil des SGB, einer Art Grundgesetz auf sozialrechtlichem Gebiet, bemerkbar macht. Aber auch die ausführlichen Einleitungen zu den Folgebänden, die dem Benutzer einen umfassenden Überblick zu dem jeweiligen Sozialleistungsbereich verschaffen, finden von Beginn an positive Beachtung in der Leserschaft.

Nach der Verabschiedung der ersten vier Bände des SGB bis 1985 und dem praktisch zeitgleichen Erscheinen der jeweiligen Kommentare droht das Unternehmen SGB auf Seiten der Politik zum Stillstand zu kommen. Erst die Diskussionen um eine Reform der gesetzlichen Krankenkassen bringen nach längerer Pause die Bemühungen um eine Weiterführung des Vorhabens wieder in Schwung. In den Folgejahren werden weitere Bände des SGB

Dr. Karl Hauck

Kommentar zum SGB (1976)

verabschiedet. Sie umfassen die Bestimmungen der Kranken- und Rentenversicherung (1989/90), der Kinder- und Jugendhilfe (1991), der Pflegeversicherung (1995) sowie der Unfallversicherung (1997) und schließlich der Arbeitsförderung (1997). Die entsprechenden Hauckschen Kommentare erscheinen in unmittelbarer zeitlicher Folge im Verlag.

Im Laufe der 1970er- und 1980er-Jahre wird der Bereich Sozialrecht u. a. durch zwei Publikationsreihen erweitert, die der Fülle der gesetzlichen Neuregelungen auf diesem Gebiet Rechnung tragen. Die erste ist das 1979 vom damaligen Präsidenten des Bundessozialgerichts, Dr. Georg Wannagat, begründete „Jahrbuch des Sozialrechts der Gegenwart". Das Hauptaugenmerk dieses Werkes liegt von Beginn an auf der systematisch-kritischen Überblicksdarstellung der laufenden sozialrechtlichen Entwicklungen, ergänzt durch Beiträge zu den Neuerungen in Rechtsprechung und Literatur.

Eine zweite, ab 1982 erscheinende Schriftenreihe, die „Beiträge zur Sozialpolitik und zum Sozialrecht", versteht sich als Brückenschlag zwischen juristischer Fachinformation und politikwissenschaftlicher Forschung. Im Rahmen eines weitgefächerten Themenspektrums widmen sich die „Beiträge" in detaillierten Studien aktuellen Aspekten des Sozialrechts. Sie reichen von Hagedorns „Agrarsozialpolitik in der Bundesrepublik Deutschland" (1982) über Stillers „Die Honoraransprüche des »überbeschäftigten« Kassenarztes" (1992) bis hin zu Ipsens „Soziale Dienstleistungen und EG-Recht" (1997).

Jahrbuch des Sozialrechts der Gegenwart (1979)

Dr. Georg Wannagat

Auf dem Gebiet des Arbeitsrechts weist das ab 1964 erscheinende Jahrbuch „Das Arbeitsrecht der Gegenwart" eine dem „Jahrbuch des Sozialrechts der Gegenwart" sehr ähnliche Konzeption auf. Als Diskussionsforum von höchster fachlicher Qualität hat sich das Jahrbuch die Analyse innerfachlich oder gesellschaftspolitisch relevanter Aspekte des Arbeitsrechts zur Aufgabe gemacht. Herausgeber ist der jeweilige Präsident des Bundesarbeitsgerichts. Ob zu Fragen des Flächentarifvertrags, des Kündigungsschutzes, der Arbeitszeitverkürzung oder der Frauenförderung – die profunde Fachkenntnis sowie die sachliche Ausgewogenheit der Beiträge haben dem „Jahrbuch des Arbeitsrechts" hohes Ansehen in Politik und Forschung eingebracht.

Mit der im Jahr 1975 eröffneten Buchreihe „Grundlagen und Praxis des Arbeitsrechts" wird ein in den 1960er-Jahren für die Bereiche Wirtschaftsrecht und Steuerrecht entwickeltes Publikationsmodell auch für diesen Verlagsbereich übernommen. Die als Leitfaden für die Praxis konzipierte Reihe bietet in Form grundlegender Darstellungen eine verlässliche Orientierung in Fragen des Arbeitsrechts.

Im Jahr 1958 leitet die von Herbert Fritzsche begründete, ab 1998 von Professor Dr. Frank Bieler fortgeführte Zeitschrift „Die Personalvertretung" den Ausbau des arbeitsrechtlichen Programms zum öffentlichen Dienstrecht ein. Als zentraler Baustein dieses Teils des Verlagsprogramms wird sich der „Gesamtkommentar öffentliches Dienstrecht" erweisen. Dr. Erich Schmidt jun. und der Vizepräsident sowie spätere Präsident des Bundesverwaltungsgerichts, Professor Dr. Walther Fürst, schließen 1972 den Verlagsvertrag. Bereits 1973 erscheint der erste Band des Werkes. Zügig geht es voran. Ab 1976 wird die Thematik komplett bedient und unablässig fortgesetzt. Der „Fürst, GKÖD" etabliert sich als Standardwerk auf dem Gebiet. Kommentare zu verschiedenen Landespersonalvertretungsgesetzen und eine Reihe von weiteren Einzelpublikationen runden diesen Bereich ab.

Dr. Walther Fürst
GKÖD (1974)

Arbeitssicherheit / Sicherheitstechnik

Mit dem Ausbau der vorsorgenden Sozialpolitik durch die sozialliberale Bundesregierung erfährt auch der Bereich Arbeitssicherheit und Unfallschutz einen deutlichen Aufschwung. Bereits ab den 1940er-Jahren nimmt der Bereich einen bedeutenden Stellenwert unter den Programmsegmenten ein.

Zunächst etablieren sich die beiden berufsgenossenschaftlichen Fachzeitschriften „Die Berufsgenossenschaft" und „Die Tiefbau-Berufsgenossenschaft", welche im direkten Anschluss daran unter dem Titel „Tiefbau" erscheint. Zudem wird 1965 der Boden für die Expansion auf diesem Gebiet durch eine Publikation bereitet, die zu einem der Verlagsklassiker avanciert. Gestartet als „der Schönberger" wird das Werk ab der zweiten Auflage 1982 gemeinsam von Dr. Alfred Schönberger mit Professor Dr. Gerhard Mehrtens und Professor Dr. Helmut Valentin unter dem Titel „Arbeitsunfall und Berufskrankheit" publiziert. Die Erweiterung der Verfasser verleiht der Schrift ihre endgültige Werkmarke: Schönberger / Mehrtens / Valentin.

Das genuin Neue des Werkes liegt darin, dass zum ersten Mal umfassend und systematisch die Verknüpfung von Recht und Medizin in der gesetzlichen Unfallversicherung behandelt wird. Der Erfolg dieser Publikation ist primär dem Umstand zuzuschreiben, dass die vom Gegenstand her notwendige Interdisziplinarität nicht nur theoretischer Anspruch bleibt. Der jeweilige fachliche Hintergrund der Verfasser, allesamt Spezialisten auf ihrem juristischen bzw. medizinischen Gebiet, fließt unmittelbar in die praktische Arbeit ein.

Einen zweiten Schwerpunkt innerhalb des Bereichs Arbeitssicherheit stellt das ab 1969 von den Begründern Dr. Hans Schmatz und Matthias Nöthlichs herausgegebene Kompendium des technischen Sicherheitsrechts, „Sicherheitstechnik", dar. Den unmittelbaren Anlass zur Publikation des Loseblattwerkes bildet das 1968 verabschiedete Gesetz über technische Arbeitsmittel bzw. das Gerätesicherheitsgesetz. Bereits sechs Monate nach Inkrafttreten der neuen Regelungen erscheint der erste Band der „Sicherheitstechnik". In ihrer Konzeption ist die Publikation völlig auf die unmittelbaren Bedürfnisse der Praxis zugeschnitten. Verwendung findet das Kompendium primär im Unternehmensbereich. Somit deckt das Werk in feiner Abstufung sämtliche für die tägliche Arbeit im Betrieb relevanten Bestimmungen ab: von den Gesetzen über Verordnungen, Verwaltungsvorschriften, Richtlinien, Technische Regeln und Unfallverhütungsvorschriften bis hin zu Beschlüssen technischer Ausschüsse, die die allgemeinen Sicherheitsanforderungen bis ins Detail konkretisieren. Unter der Werkmarke Schmatz / Nöthlichs findet die Schrift einen festen Platz in den Fachkreisen und wird zum Standardwerk im Bereich der Arbeitssicherheit. Es entwickelt sich zur wohl umfassendsten wie fundiertesten Sammlung von Vorschriften auf diesem Gebiet.

Schönberger / Mehrtens / Valentin, Arbeitsunfall und Berufskrankheit (1982)

Im Laufe der 1970er- und 1980er-Jahre findet die zunehmende Verzahnung von Arbeits-, Gesundheits- und Umweltschutz Eingang in die Fachinhalte. So erscheint beispielsweise ab Mitte der 1980er-Jahre der maßgebliche Kommentar des Herausgebers der „Sicherheitstechnik", Matthias Nöthlichs, zu „Chemikaliengesetz und Gefahrstoffverordnung". Der Kommentar widmet sich unter dem Titel „Gefahrstoffe" neben Arbeits- und Gesundheits- auch Umweltschutzvorschriften.

Schon ab 1949 ist die eingangs erwähnte im Verlag erscheinende Zeitschrift „Die Berufsgenossenschaft" das Forum für die aktuellen Entwicklungen im Bereich Arbeitssicherheit und Unfallschutz. Seinerzeit herausgegeben vom Hauptverband der gewerblichen Berufsgenossenschaften versammelt „die BG" praxisbezogene Erläuterungen zu Gesetzgebung und Rechtsprechung sowie die neuesten Tendenzen in Sachen Sicherheitstechnik, Arbeitsmedizin und optimaler Arbeitsplatzgestaltung. Mit der Übernahme der in ihren Ursprüngen aus der ehemaligen DDR stammenden Zeitschrift „Arbeitsschutz aktuell" im Jahr 1995 wird dieser Bereich weiter ausgebaut.

Ein wichtiger Partner des Verlags auf dem Gebiet Arbeitssicherheit und Unfallschutz ist ab Mitte der 1980er-Jahre auch das Berufsgenossenschaftliche Institut für Arbeitssicherheit (BIA). Gemeinsam wird eine Reihe bedeutender Publikationen entwickelt. In Zusammenarbeit mit dem BIA vollzieht der Verlag schließlich auch die ersten Schritte auf dem Gebiet der zu der Zeit aufkommenden sogenannten „Neuen Medien". Im Jahr 1995 erscheint mit dem PC-Auswahlprogramm „PSA Persönliche Schutzausrüstungen", einer systematischen Sammlung aktueller Informationen über sämtliche Arten des Gehörschutzes, die erste Verlagspublikation auf Diskette.

Die BG (1949)

Pionierarbeit im Umweltrecht

Als mit dem „Handbuch des deutschen Wasserrechts (HdW)" im Jahre 1949 der Grundstein der späteren umweltrechtlichen Verlagsabteilung gelegt wird, existieren weder die Begriffe Umweltrecht noch Umweltschutz. Niemand denkt ernsthaft über Fragen der Schonung der natürlichen Ressourcen nach. Die Hungersnöte der ersten Nachkriegsjahre sowie die Verringerung der agrarischen Nutzfläche führen zu einem massiven Raubbau an naturnahen Böden. An Naturschutz als Staatsaufgabe, wie er sich während der Weimarer Republik entwickelt hat, ist nicht zu denken.

Allerdings nimmt bereits zu der Zeit die Frage des Wasserrechts im politischen Bewusstsein einen besonderen Stellenwert ein. Dies liegt zum einen an der lebenswichtigen Bedeutung des Trinkwassers, zum anderen am Charakter dieses Rechtsgebietes: Wasserrecht ist Länderrecht. Und die Länder als föderative Einheiten sind nach ihrer Ausschaltung während des Nationalsozialismus 1949 gerade im Entstehen begriffen.

Das „Handbuch des deutschen Wasserrechts (HdW)" widmet sich zunächst primär Fragen der Siedlungswasserwirtschaft und des Wasserstraßenverkehrsrechts. Anlässlich der Verabschiedung des Wasserhaushaltsgesetzes 1957 wird das HdW in überarbeiteter und aktuali-

links: Flußkarte von Württemberg

rechts: Handbuch des deutschen Wasserrechts (1949)

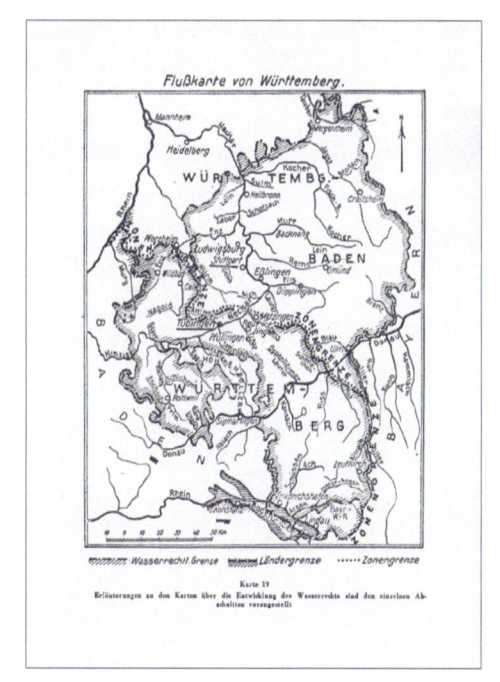

sierter Form von seinen Gründungsvätern, Dr. Alexander Wüsthoff und Dr. Walter Kumpf, als Loseblattwerk herausgegeben.

Bereits zu diesem Zeitpunkt zeichnet sich das hoch angesehene HdW durch zwei Qualitäten aus: Zum einen gibt es als einziges Werk sämtliche wasserrechtlich relevanten Bestimmungen aller einschlägigen Rechtskreise wieder. Zum anderen werden die wichtigsten Gesetze von Fachkennern aus Ministerien und Justiz kommentiert.

Zwischen den Anfängen des HdW in den 1950er-Jahren und dem Erscheinen des zweiten Grundlagenwerks in diesem Bereich, der Gesetzessammlung „Raum und Natur" im Jahre 1968, liegen weitreichende gesellschaftliche Veränderungen. Zu diesen zählt auch die allmähliche Entwicklung eines „Umweltbewusstseins". Im Zuge des Wiederaufbaus wird die Intensivierung der Landwirtschaft vorangetrieben. Durch die massenhafte Verwendung von Kunstdünger und Pestiziden, durch Flurbereinigung sowie die forcierte Technisierung des Ackerbaus kommt es zu einer starken Schadstoffbelastung von Wasser und Boden. Zahlreiche Tier- und Pflanzenarten werden ausgerottet. Anfang der 1970er-Jahre reagiert die Politik in größerem Umfang auf diese Entwicklung. Mit einem „Sofortprogramm Umweltschutz" unternimmt die sozialliberale Bundesregierung unter Willy Brandt 1970 die ersten entschiedenen Schritte auf umweltpolitischem Gebiet.

Unter der Leitung von Dr. Wolfgang Burhenne, dem Geschäftsführer der u.a. mit Umweltbelangen betrauten „Interparlamentarischen Arbeitsgemeinschaft" (IPA), entsteht 1968 im Erich Schmidt Verlag die erste systematische Sammlung der Rechtsvorschriften zum Thema Umwelt. Das ursprünglich als „Raum und Natur" publizierte Werk trägt bereits kurze Zeit danach den Titel „Umweltrecht". Drei Jahre später erscheint das erste Heft innerhalb der ebenfalls von Dr. Wolfgang Burhenne begründeten Dokumentationsreihe „Beiträge zur Umweltgestaltung". Die Reihe widmet sich den neuesten Entwicklungen im Umweltbereich. In den frühen Bänden finden sich Berichte zu den ersten Internationalen Umweltkonferenzen, erste umweltpolitische Programme sowie grundlegende Beiträge der Pioniere des deutschen Umweltrechts wie Dr. Eckard Rehbinder, Dr. Jürgen Salzwedel oder Dr. Heinhard Steiger.

Zu den wichtigsten umweltpolitischen Maßnahmen jener Zeit zählt auch die 1974 erfolgte Gründung des Umweltbundesamtes (UBA) in Berlin, einer zu-

Dr. Wolfgang Burhenne

nächst dem Bundesinnenministerium zugeordneten, selbständigen Bundesoberbehörde. Als das UBA noch im Gründungsjahr per Ausschreibung einen Partner für den buchhändlerischen Vertrieb seiner Arbeiten sucht, kann der Erich Schmidt Verlag bereits mit einer breiten Palette bewährter Publikationen aufwarten. Das Haus erhält den Zuschlag. 1984 erscheinen die vom UBA herausgegebenen „Daten zur Umwelt", eine für ein breites Zielpublikum konzipierte umweltpolitische Bestandsaufnahme, erstmals im Erich Schmidt Verlag. Als offizieller Bericht der Bundesregierung zum Zustand der Umwelt in Deutschland erfreut es sich großer Aufmerksamkeit. Das Werk wird 1998 erstmalig auch auf CD-ROM vertrieben.

Daten zur Umwelt

In jeder Hinsicht als Pionierleistung anzusehen ist das 1964 in erster Auflage publizierte Handbuch in Loseblattform „Müll- und Abfallbeseitigung", das später den schlichten Titel „Müll-Handbuch" trägt. Die Initiative zu diesem ursprünglich im Kontext der Städtehygiene entwickelten Werk geht ebenfalls von Dr. Alexander Wüsthoff aus, dem Begründer des HdW. Aufgrund seiner einschlägigen Erfahrungen im Bereich des Wasserrechts erkennt er die Notwendigkeit einer grundlegenden Änderung im Umgang mit Abfall. Von Verlagsseite werden mit Professor Dr. Walther Kumpf, Kurt Maas und Professor Dr. Hans Straub namhafte Fachkenner aus den Ministerien und der Forschung gewonnen. Unterstützt von zahlreichen Fachleuten aus Wissenschaft und Praxis fungieren sie als Herausgeber des Handbuchs.

Ursprünglich ein rein technisches Handbuch entwickelt sich das Werk zu einer Art Enzyklopädie für alle mit Aufgaben der Müllbeseitigung Betrauten wie Stadtreinigungsämter, Betreiber von Deponien usw. Dementsprechend setzt sich das Werk inhaltlich mit sämtlichen praxisrelevanten Fragen von der Organisation der Tourenplanung bis hin zu den biologischen, hygienischen und technischen Aspekten der Beseitigungs- und Behandlungsverfahren auseinander. Damit bündelt das Werk das praxisrelevante Fachwissen im Bereich der kommunalen und gewerblichen Abfallwirtschaft.

Mit der Herausgabe des ebenfalls als Loseblattwerk erscheinenden „Recht der Abfallbeseitigung des Bundes und der Länder" schließt der Verlag 1972, also noch im Verabschiedungsjahr des „Abfallbeseitigungsgesetzes", eine Lücke innerhalb dieses Segments. Während das „Müll-Handbuch" sämtliche gesetzlichen Bestimmungen, Richtlinien und Technischen Regeln bis hin auf die kommunale Ebene versammelt, ergänzt das von Dr. Gottfried Hösel und Dr. Heinrich Freiherr von Lersner begründete Werk das Handbuch durch einen umfassenden Kommentar. Dieser juristische Kommentar erhebt den Anspruch, die jeweils aktuellen Entwicklungen des Rechts der Abfallbeseitigung in Deutschland zu begleiten.

Mit der Fülle der zu Beginn der 1970er-Jahre verabschiedeten gesetzlichen Bestimmungen zum Umweltschutz und der stetig zunehmenden Forschungsliteratur wächst auch das Themenspektrum der umweltrechtlichen Abteilung.

Unter der Leitung von Bernd F. W. Masuch, der ab 1973 u.a. für die Programmgestaltung innerhalb der Abteilung zuständig ist, werden in den Folgejahren die Bereiche Umweltrecht, Gewässerschutz und Abfall stetig ausgebaut. Neue wasserrechtliche Bestimmungen wie etwa durch das Waschmittelgesetz oder das Abwasserabgabengesetz sowie die vielfältigen Neuregelungen innerhalb des Abfallrechts finden sich praktisch zeitgleich mit einer ganzen Reihe von Arbeiten im Verlagsprogramm wieder.

Müllhandbuch (1965)

Müll und Abfall (1988)

Handbuch des Bodenschutzes (1988)

Anfang der 1980er-Jahre rückt in dem Bereich ein weiteres Thema ins Blickfeld der Öffentlichkeit, das bisher nur eine untergeordnete Rolle gespielt hat: der Bodenschutz. Erst mit den aus den Forschungen zum Waldsterben gewonnenen Erkenntnissen über die Versauerung der Böden beginnt man, sich neben den Medien Wasser und Luft dem „dritten Medium", dem Boden, zuzuwenden.

Umgehend, das heißt zeitgleich mit den 1988 von der Bundesregierung verabschiedeten „Maßnahmen zum Bodenschutz", realisiert der Verlag die Idee eines Handbuches auf diesem bis dahin völlig unübersichtlichen, in Einzelbereiche zersplitterten Gebiet. So stellt das Werk Rosenkranz / Bachmann / Einsele / Harress, „Handbuch des Bodenschutzes", ein weiteres Grundlagenwerk innerhalb der umweltrechtlichen Verlagsabteilung dar. Sein Schwerpunkt liegt in den Bereichen Erkennen, Bewerten und Sanieren von Altlasten (nachsorgender Bodenschutz). Das Werk wird geleitet von den Zielen einer Minimierung von problematischen Stoffeinträgen aus Industrie, Gewerbe, Verkehr, Landwirtschaft und Haushalten sowie größtmöglicher Sparsamkeit im Landschaftsverbrauch (präventiver Bodenschutz). Neben dem umfassenden Vorschriftenteil widmet sich der Beitrags- und Anleitungsteil den praktischen Erfordernissen in der Umsetzung der jeweiligen Ergebnisse.

Bernd F. W. Masuch, Leiter der umweltrechtlichen Abteilung

Angesichts der ausufernden Fülle an neuen Regelungen und Gesetzen im Bereich des Umweltrechts geht man in den 1980er-Jahren seitens

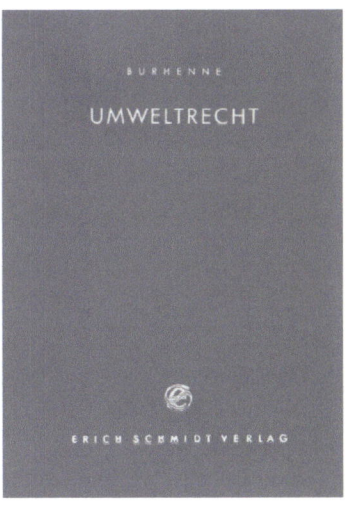

HdUVP (1985)

Umweltrecht (1968)

des Verlages daran, Überblickswerke zu entwickeln. Sie sollen allen mit dieser Materie Befassten eine verlässliche Orientierung ermöglichen.

1986 erscheint das „Handwörterbuch des Umweltrechts", herausgegeben von Professor Dr. Otto Kimminich, Dr. Heinrich Freiherr v. Lersner und Dr. Peter-Christoph Storm. Das Werk bietet eine systematische Darstellung des Rechtsstoffs und bereitet zugleich die naturwissenschaftlichen, technischen sowie politischen Grundlagen der rechtlichen Regelungen auf. In Form eines lexikalisch gegliederten Nachschlage-

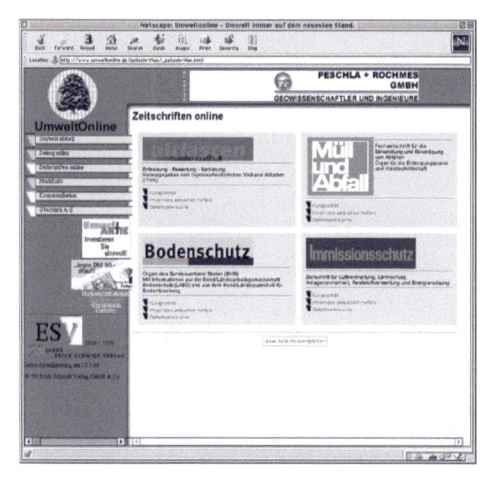

Der Fachinformationsdienst UmweltOnline

werks, das den neuesten Stand wissenschaftlicher Erkenntnisse widerspiegelt, erleichtert es so den Zugang zur Lösung umweltrechtlicher Probleme.

Die wohl einschneidendste umweltrechtliche Veränderung in den späten 1980er- und frühen 1990er-Jahren stellt die Verpflichtung zur Umweltverträglichkeitsprüfung (UVP) dar. Der Grundsatz, die Auswirkungen von baulichen Vorhaben auf die Umwelt bereits im Vorfeld der jeweiligen Maßnahmen zu klären, ist bereits ins allgemeine umweltpolitische Bewusstsein gedrungen. Doch erst durch die Umsetzung einer EU-Richtlinie von 1985 erhält die UVP 1988 in Deutschland Gesetzesrang. Für etwa 60 Arten von Vorhaben sind seither sämtliche relevanten Umweltfolgen umfassend zu ermitteln, zu beschreiben und zu bewerten. Dazu gehören jene, die sich voraussichtlich erheblich auf die Umwelt auswirken wie etwa der Bau von Abfallentsorgungsanlagen, Hochspannungsleitungen, Straßen etc.

Das „Handbuch der Umweltverträglichkeitsprüfung" (HdUVP) soll hier Abhilfe schaffen. Herausgegeben von den im Umweltbundesamt tätigen Dr. Peter-Christoph Storm und Dr. Thomas Bunge bildet das Handbuch zum einen den jeweils aktuellen Stand im Hinblick auf die rechtlichen Grundlagen der UVP ab. Daneben widmet sich das Werk dem Inhalt und der Methodik der UVP sowie den besonderen Anforderungen einzelner Vorhabensarten.

Im Rahmen der digitalen Publikationen des Verlags nehmen umweltrechtliche Werke von Beginn an einen zentralen Stellenwert ein. Seit dem „Handwörterbuch des Umweltrechts" (1996) erscheinen eine Reihe anderer Titel dieser Verlagsabteilung auf CD-ROM: Neben der „CD-Umweltrecht" (1997), bearbeitet von Siegbert Lohse, und den bereits erwähnten „Daten zur Umwelt" (1998) verdienen vor allem die sowohl online als auch auf CD verfügbaren Datenbanken der Zeitschriften „Immissionsschutz", „Altlasten-Spektrum", „Müll und Abfall" sowie „Bodenschutz" besondere Erwähnung.

Mit der Entwicklung eines Fachinformationsdienstes, „UmweltOnline", betritt der Verlag ein weiteres Mal im Laufe seines nunmehr seit Jahrzehnten währenden umweltrechtlichen wie umweltpolitischen Engagements publizistisches Neuland.

Im Dienste der Wissenschaft: Die Philologie

Unter der Leitung von Frau Dr. Ellinor Kahleyss, der Tochter des Verlagsgründers, beginnt man bereits Ende der 1940er-Jahre mit dem systematischen Aufbau einer philologischen Abteilung. Sie umfasst zunächst die Bereiche Germanistik, Volkskunde sowie Geschichte und wird im Laufe der 1950er-Jahre um anglistische sowie romanistische Titel erweitert.

Den Auftakt bildet ein Werk, das auf seinem Gebiet Geschichte schreibt: die von Dr. Wolfgang Stammler herausgegebene „Deutsche Philologie im Aufriß". In einer Mitteilung an die Mitarbeiter heißt es 1951 anlässlich der ersten Lieferung zu diesem Sammelwerk: „Die Wissenschaft vom geistigen Leben des deutschen Volkes hat manches wiedergutzumachen. In den Jahren von 1933 bis 1945 waren Methode wie Inhalt zum Teil bedenklich in ein hemmungsloses Parteischrifttum abgeglitten."

So soll auch auf intellektuellem Gebiet eine Art Wiederaufbau geleistet werden. Daher setzt sich der Verlag eine Bestandsaufnahme der von der zurückliegenden Epoche weder materiell noch geistig zerstörten Forschungsleistungen zum Ziel. Die Ausmaße dieses Unterneh-

Dr. Ellinor Kahleyss

mens werden erkennbar, sobald man sich den einzelnen Bereichen dessen, was hier unter „Philologie" subsumiert wird, zuwendet: Denn neben der germanistischen und vergleichenden Sprach- und Literaturwissenschaft vom frühen Mittelalter an bis ins 20. Jahrhundert werden Handschriften-, Altertumskunde und Religionsgeschichte ebenso ausführlich behandelt wie die damals aktuellen Medien Film und Hörfunk. Eine wahrlich enzyklopädische Unternehmung also auf dem Gebiet der deutschen Kultur- und Geistesgeschichte, die gerade in ihrer interdisziplinären Ausrichtung aus heutiger Sicht erstaunlich modern wirkt.

Die „Deutsche Philologie im Aufriß" hat gemeinsam mit der ab 1954 im Erich Schmidt Verlag erscheinenden „Zeitschrift für deutsche Philologie" das internationale Ansehen der philologischen Abteilung begründet. Nun gilt es, auf dem so geschaffenen Fundament zügig aufzubauen.

Dies geschieht zunächst in Form von drei Buchreihen. Bereits Mitte der 1950er-Jahre erscheinen die ersten Bände innerhalb der „Philologischen Studien und Quellen". In Form von Monografien und Sammelbänden decken sie das gesamte Spektrum der damaligen Germanistik ab: Linguistische Themen finden ebenso Eingang wie Forschungsarbeiten zur Mediävistik und zur neueren deutschen Literaturwissenschaft. Eine zweite, Mitte der 1950er-Jahre ins Leben gerufene Reihe, „Texte des späten Mittelalters und der frühen Neuzeit", richtet sich ebenfalls an ein wissenschaftliches Fachpublikum. Mit der Herausgabe und Kommentierung größtenteils unbekannter mittelhochdeutscher Literatur leistet diese Reihe mediävistische Pionierarbeit, da die Texte zumeist in keiner anderen Edition zugänglich sind. Die 1956 durch Dr. Arno Schirokauer und Dr. Wolfgang Stammler begründete Reihe genießt deshalb in Fachkreisen hohe Anerkennung.

Dr. Wolfgang Stammler

Deutsche Philologie im Aufriß (1951)

„Hanns Ludwig Geiger, der belletristische Lektor, hatte als ehemaliger Schüler Wolfgang Stammlers Kontakte zwischen diesem und Dr. Schmidt senior begründet. Bei einem Treffen zwischen beiden im Wartesaal unter dem zerbombten Frankfurter Hauptbahnhof, für das Dr. Schmidt als Erkennungsmerkmal auf seinen fehlenden rechten Arm hinwies, wurde die ‚Deutsche Philologie im Aufriß', der spätere Ausgangspunkt für die philologisch-geisteswissenschaftliche Verlagsarbeit, vereinbart." E.K.

Mit der ab 1966 erscheinenden dritten Buchreihe, „Grundlagen der Germanistik", schlägt die philologische Abteilung einen neuen und doch – im Verlagsganzen – bewährten Weg ein. Im Mittelpunkt dieser Reihe steht von Beginn an die Praxis. Im Themenspektrum ebenso breit angelegt wie die „Philologischen Studien und Quellen" bietet sie einen fundierten Überblick zu unmittelbar studienrelevanten Themen. Wobei nicht einzelne Autoren oder Werke im Mittelpunkt stehen, sondern Epochen oder thematisch übergreifende Zusammenhänge. Zahlreiche mittlerweile als Standardwerke geltende Studienbücher namhafter Gelehrter sind seit ihrer Begründung in dieser Reihe erschienen.

Zeitschrift für Deutsche Philologie

Bevor wir uns den weitreichenden Veränderungen zuwenden, die dieser Verlagszweig im Laufe der 1970er-Jahre erfährt, muss ein Werk vorgestellt werden, das von Beginn an eine prominente Sonderstellung innerhalb der philologischen Abteilung einnimmt: das 1964 erstmals erscheinende „Handwörterbuch zur deutschen Rechtsgeschichte (HRG)". Dieses Nachschlagewerk wird 1998 mit insgesamt fünf lieferbaren Bänden abgeschlossen. In kurzen Beiträgen entwirft es ein umfassendes rechts- und kulturgeschichtliches Panorama, vor dem die einzelnen Begriffe in ihrer historischen Dimension erfassbar werden. Es reicht von den magischen Wurzeln des „Meineids" über die Geschichte der „Haussuchung" bis hin zur Entwicklung des „Züchtigungsrechts". Von den germanischen Ursprüngen bis in die Gegenwart entfaltet das HRG ein gleichermaßen für Laien faszinierendes wie für Wissenschaftler erhellendes Spektrum fachspezifischen Hintergrundwissens. Seinen Erfolg verdankt es maßgeblich der Mitarbeit einer großen Anzahl hervorragender Gelehrter des In- und Auslands. Sie lassen das Werk nicht nur für Juristen und Historiker, sondern auch für Philosophen, Philologen, Soziologen, Theologen und Volkskundler zu einem reichhaltigen Fundus werden.

Seine größte Erweiterung erfährt der philologische Verlagsbereich im Laufe der 1970er-Jahre, und zwar in drei Richtungen. Zuallererst ist hier die Internationalisierung des bisher weitgehend germanistisch orientierten Programms zu erwähnen. Zwar sind im Laufe der 1960er-Jahre bereits Arbeiten zur Anglistik sowie zur Romanistik erschienen, doch erst mit der Begründung zweier Grundlagen-Reihen wird sowohl im Bereich der Anglistik / Amerikanistik als auch in der Romanistik mit dem systematischen Ausbau dieser Unterabteilungen begonnen.

Englische Fachdidaktik (1999)

Fachsprachen (1999)

Das Konzept der fünf Jahre zuvor initiierten Reihe „Grundlagen der Germanistik" bewährt sich: leicht verständliche und dennoch fundierte Überblickswerke zu praxisrelevanten Themen, verfasst von anerkannten Fachautoren. Entsprechend wird der Einstieg in die neuen Gebiete vorgenommen. 1971 erscheint der erste Band der „Grundlagen der Anglistik und Amerikanistik". Ein Jahr später folgt die erste Publikation im Rahmen der „Grundlagen der Romanistik". Die wesentliche Ausrichtung der beiden Reihen ist ähnlich, wenn sie sich auch gegenstandsbedingt im Detail unterscheiden. Im Mittelpunkt steht der didaktisch aufbereitete Einstieg in ein ebenso komplexes wie umfangreiches Gebiet, das zum unverzichtbaren Basiswissen des jeweiligen Faches zählt. Geradezu idealtypisch ist das Konzept in den Einführungen zur spanischen (3. Aufl. 1999) sowie zur französischen Sprachwissenschaft (2. Aufl. 1997) von Dr. Wolf Dietrich und Dr. Horst Geckeier verwirklicht. Der Studierende wird durch eine historische und systematische Hinführung in überschaubaren Arbeitsschritten mit den Schlüsselbegriffen und den zentralen Problemstellungen der jeweiligen Linguistik vertraut gemacht. Die Tatsache, dass an zahlreichen Universitäten das sprachwissenschaftliche Grundstudium mit diesen Bänden durchgeführt wird, spricht für die fachliche wie didaktische Qualität der beiden Werke.

Die zweite wichtige Erweiterung dieses Verlagszweigs findet im Bereich der Grundlagenwerke statt. Hier ist zunächst die 1976 erscheinende „Einführung in die neuere deutsche Literaturwissenschaft" von Professor Dr. Dieter Gutzen, Professor Dr. Norbert Oellers und Professor Dr. Jürgen H. Petersen zu nennen. Das Werk, das zahlreiche Neuauflagen und Nachdrucke erfährt, macht Studienanfänger mit den wesentlichen Fragen des Fachs vertraut. Es gehört zur Grundausstattung des germanistischen Lehrbetriebs.

In den Bereich der Grundlagenwerke gehört auch die zu Beginn der 1970er-Jahre von Prof. Benno von Wiese initiierte Reihe „Deutsche Dichter – Ihr Leben und Werk". Unter Mitwirkung zahlreicher Fachgelehrter stellt die Reihe in sieben Bänden die verschiedenen literarischen Epochen von der frühen Neuzeit über die Romantik bis ins 20. Jahrhundert dar. Dies geschieht anhand des Lebens sowie des Werkes der jeweils maßgeblichen Dichter. Interessant ist dabei der methodische Ansatz dieser sprachlich bewusst einfach gehaltenen, in der Sache allerdings streng wissenschaftlichen Publikation. Jeder Abschnitt umfasst zunächst einen biografischen Teil, dem Interpretationen der wichtigsten Werke des jeweiligen Autors sowie eine Bibliografie folgen.

In dem von Dr. Hartmut Steineke herausgegebenen Band „Deutsche Dichter des 20. Jahrhunderts" (1994) kommt die Reihe in einer methodisch überarbeiteten Form zu ihrem Abschluss. Sie ist zuletzt um Interpretations- und Rezeptionsgeschichte sowie eine stärkere Einbindung des zeitgeschichtlichen Hintergrunds erweitert worden.

Als dritter und letzter Bereich, in dem sich die maßgeblichen Veränderungen während der 1970er-Jahre vollziehen, ist der Sektor der Fachzeitschriften zu nennen. Der Anfang ist bereits mit der ab 1954 herausgegebenen, international renommierten „Zeitschrift für deutsche Philologie" (ZfdPh)" gemacht worden. Nun übernimmt der Erich Schmidt Verlag 1979 mit dem „Archiv für das Studium der neueren Sprachen und Literaturen" eine der ältesten philologischen Fachzeitschriften in sein Programm. Das 1869 von den Herausgebern Ludwig Herrig und Heinrich Viehoff gegründete „Archiv" widmet sich den drei neueren Philologien Anglistik, Romanistik und Germanistik. Hier finden sprachwissenschaftliche Themen ebenso Berücksichtigung wie literaturwissenschaftliche. Besondere Bedeutung erhält das „Archiv" durch seine interdisziplinäre Ausrichtung. Neben aktuellen innerfachlichen Belangen liegt ein inhaltlicher Schwerpunkt

Einführung in die neuere deutsche Literaturwissenschaft (1976, 6. Aufl. 1989)

gerade auf den Schnittstellen und Überlappungen zwischen den einzelnen Disziplinen.

Neben diesem wissenschaftlichen „Grenzgänger" ist die ab 1975 im Verlag erscheinende linguistische Fachzeitschrift „Deutsche Sprache" zu erwähnen, die im Auftrag des Leibniz-Instituts für Deutsche Sprache herausgegeben wird. Einen Schwerpunkt der Publikation bilden neuere Forschungen zur Soziolinguistik, Pragmatik, Semiotik und zu anderen Teilgebieten der Sprachwissenschaft.

Mit drei grundlegenden Erweiterungen des philologischen Programms wird im Laufe der 1970er-Jahre ein breiter Grundstock geschaffen, dessen einzelne Zweige in den Folgejahren weiter ausdifferenziert werden. Die Basis innerhalb der jeweiligen Philologien bilden einführende Überblickswerke, die den Forschungsstand bilanzieren und den Studierenden eine rasche Orientierung ermöglichen. Sie werden ergänzt durch Lexika und Handbücher, die zielgruppenspezifisch das Wissen der jeweiligen Fachgebiete bündeln. Das dritte Glied in dieser Reihe bilden Monografien und Sammelbände, die in der Regel aktuelle Forschungsansätze widerspiegeln und spezielleren Untersuchungsthemen gewidmet sind. In dem letztgenannten Bereich finden im folgenden Jahrzehnt die einschneidendsten Veränderungen statt.

Dr. Benno von Wiese

Deutsche Dichter – Ihr Leben und Werk (1971–1994)

Mit der zunehmenden methodischen Diversifizierung der Literaturwissenschaft beginnt sich im Laufe der 1980er-Jahre auch das Verlagsprogramm in dem Bereich aufzufächern. Neben Arbeiten, die das gesellschaftskritische Potenzial der Literatur in den Mittelpunkt stellen, finden sich nun innerhalb der Literaturwissenschaft zunehmend auch strukturalistische, psychoanalytische und feministische Interpretationen.

Auch der Bereich der Lexika erfährt in dem Zeitraum mit dem „Wörterbuch der mittelhochdeutschen Urkundensprache (WmU)" einen prominenten Neuzugang. Seine Grundlage bildet der „Corpus der altdeutschen Originalurkunden bis zum Jahr 1300", eine Sammlung sämtlicher im 13. Jahrhundert in deutscher Sprache verfassten Urkundentexte. Deren Wortbestand wird im WmU sprachwissenschaftlich und sprachgeographisch sowie in der jeweiligen Bedeutungsdifferenzierung der Belege erfasst und beschrieben. Neben einem

Archiv für das Studium der neueren Sprachen und Literaturen (ab 1979 im Erich Schmidt Verlag)

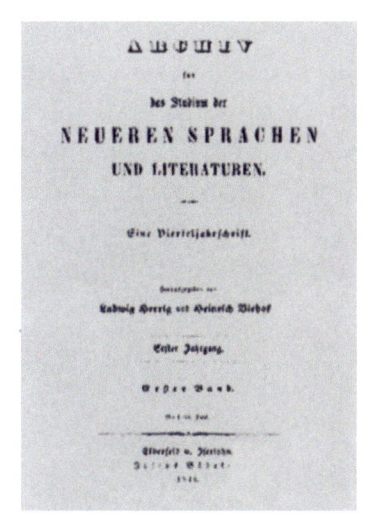

wichtigen Hilfsmittel im Bereich der Urkundenübersetzung stellt das Wörterbuch auch einen bedeutenden Beitrag auf dem Gebiet der sprachgeschichtlichen Forschung dar: Es differenziert und erweitert das gängige Bild der Sprachentwicklung zum Ende des 13. Jahrhunderts in entscheidender Weise.

Im Bereich der Grundlagenwerke verdienen die beiden sprachwissenschaftlichen Einführungsbände „Linguistische Textanalyse" und „Linguistische Gesprächsanalyse" von Professor Dr. Klaus Brinker Erwähnung. Hierbei handelt es sich um zwei ursprünglich in Vorlesungen erprobte Konzeptionen, die nach langjährigem Praxistest im Lehrbetrieb didaktisch überarbeitet in Buchform erscheinen.

Das noch relativ junge Gebiet der Hispanistik wird durch Einführungswerke allmählich aufgebaut. Mit dem von Schmidt / Doll / Fekl / Loewe herausgegebenen „Frankreich-Lexikon" erscheint Anfang der 1980er-Jahre währenddessen ein Werk, das nicht nur in Fachkreisen großes Aufsehen erregt. Denn innerhalb der anderen Philologien soll es sich bald zum Prototyp entwickeln. Als eine wah-

Frankreich-Lexikon (1983)

re Fundgrube für alle (professionell wie privat) an Frankreich Interessierten richtet sich das im wahrsten Sinne des Wortes enzyklopädische Nachschlagewerk in gleicher Weise an Historiker, Soziologen, Philologen wie an Journalisten, Politiker oder schlichte Frankreich-„Amateure". In lexikalisch geordneten Schlüsselbegriffen entfaltet das Werk in nahezu allen Bereichen des gesellschaftlichen Lebens – von der Geschichte über Wirtschaft, Politik, Medien, Kultur und Wissenschaft – ein weitgespanntes Panorama des Landes in Vergangenheit und Gegenwart.

Aufgrund des außerordentlichen Erfolges des Lexikons wird zügig an entsprechenden Nachfolgewerken gearbeitet. Unter Mitarbeit von mehr als 100 in- und ausländischen Autoren erscheinen im Jahr 1995 das „Italien-Lexikon" sowie das „USA-Lexikon". Wie bereits bei ihrem Vorgänger stößt auch hier das Konzept auf breite Resonanz innerhalb und außerhalb der Fachwelt.

Internet für Philologen (1999)

Italien-Lexikon (1995)

Als die Tochter des Verlagsgründers, Dr. Ellinor Kahleyss, am 15. September 1990 nach einem arbeitsreichen, weitestgehend dem Verlag gewidmeten Leben im Alter von 62 Jahren stirbt, hat sie das Profil dieses Verlagszweigs maßgeblich geprägt. Sie hat für den weiteren Ausbau der im Anschluss von Dr. Carina Lehnen geleiteten Abteilung die besten Voraussetzungen geschaffen. Neben den bewährten Bereichen finden mit dem personellen Wechsel verstärkt die aufkommenden aktuellen Entwicklungen auf sprach- und literaturwissenschaftlichem Gebiet Eingang in das Programm, wie etwa die neuesten Diskussionen innerhalb der „Gender Studies". In diesen Kontext gehören auch die beiden erfolgreichen Werke von Dr. Jutta Osinski, „Einführung in die feministische Literaturwissenschaft" (1998), und Dr. Ingrid Samel, „Einführung in die feministische Sprachwissenschaft" (1995).

Einen weiteren Schwerpunkt des neu entstehenden Verlagsprogramms bildet der Bereich der Medienwissenschaft. Einen fundierten Einblick in dieses zu der Zeit recht neue Studienfach bietet die 1998 erscheinende „Einführung in die Medienwissenschaft" von Dr. Peter Ludes und Dr. Jochen Hörisch. Im Bereich der sogenannten „Neuen Medien" ist auch Oliver Gschwenders „Internet für Philologen – Eine Einführung in das Netz der Netze", (1999) zu nennen. Es gibt den Studierenden der neueren Philologien einen Leitfaden für den fachspezifischen Einstieg ins Internet an die Hand.

Mit den aufgenommenen Entwicklungen innerhalb des philologischen Verlagszweigs schließt sich in gewisser Weise der Kreis zu seinen Anfängen in den 1950er-Jahren. Denn schon die „Deutsche Philologie im Aufriß" geht in einem für die damalige Zeit erstaunlich modernen Konzept weit über die traditionellen Bereiche der Philologie hinaus, indem sie sich den seinerzeit aktuellen Medien Musik, Theater, Film und Rundfunk widmet. Und auch der aktuelle Schwerpunkt des Programms liegt bereits am Rand der „Gutenberg-Galaxis". Die Aufmerksamkeit gilt den neuesten Entwicklungen im Medienbereich.

Differenzen in der Geschlechterdifferenz (1999)

Wirtschaft, Steuern und Wirtschaftsrecht

Nach den umfassenden steuerlichen Textsammlungen und den stark anwendungsorientierten Werken der ersten Nachkriegsjahrzehnte setzt Mitte der 1960er-Jahre eine Publikationsreihe neue Akzente innerhalb des Verlagsbereichs zum Steuerrecht und der betriebswirtschaftlichen Steuerlehre. Die im Rahmen der Reihe „Grundlagen und Praxis des Steuerrechts" ab 1966 erscheinenden Bände verstehen sich als eine Art Brückenschlag zwischen den methodischen Grundlagen des Steuerrechts und dem weiten Spektrum der praktischen Gestaltungsmöglichkeiten. Einige der in dieser Reihe erscheinenden Publikationen zählen zu den Meinungsführern auf ihrem Gebiet.

In den späten 1960er-Jahren wird das zum steuerrechtlichen Handwerkszeug zählende Werk Haas/Bacher/Scheuer, „Formeln für die Steuer- und Wirtschaftspraxis", begründet. Es enthält die wohl umfassendste Sammlung der für steuerliche, bilanzielle oder betriebswirtschaftliche Belange relevanten Formeln, Tabellen und Schemata – unter anderem die Haas-Bachersche Formel zur Festwertermittlung.

$$F = y \, x \, \frac{1}{n} \sum_{i=1}^{n-1} i = \frac{M}{n} \, x \, \frac{1}{n} \sum_{i=1}^{n} i = M \, x \, \frac{1}{n}\left(\frac{n+1}{2} - 1\right)$$

Darüber hinaus entwickeln sich Schwerpunktbereiche wie das Prüfungswesen mit der seit Jahrzehnten bestehenden Fachzeitschrift „Die steuerliche Betriebsprüfung", dem Loseblattwerk „Handbuch der steuerlichen Betriebsprüfung" und zahlreichen anderen Veröffentlichungen zu Prüfungsthematik.

Durch die Umstellung auf das Mehrwertsteuersystem im Jahr 1967 gewinnt der Bereich der Umsatzsteuer beträchtlich an Bedeutung. Er stellt einen weiteren Schwerpunkt des steuerrechtlichen Verlagsprogramms dar. Neben der 1951 erstmals herausgegebenen Umsatzsteuerkartei des Bundesfinanzministeriums ist der von Professor Alfred Hartmann eröffnete Umsatzsteuer-Kommentar mit der Werkmarke „Hartmann/Metzenmacher" zu nennen. Der Kommentar entwickelt sich im Laufe seines jahrzehntelangen Bestehens zu einem unumstrittenen Grundlagenwerk auf seinem Gebiet. Das mehrbändige Loseblattwerk versteht sich auch nach all den Jahrzehnten ganz im Sinne seiner Gründungsidee als streng praxisorientiertes Hilfsmittel für Wirtschaft und Ver-

Formeln für die Steuer- und Wirtschaftspraxis (1969, 3. Aufl. 1998)

Die Haas-Bachersche Formel zur Festwertermittlung

waltung. Im Hinblick auf die Entwicklungen der 1990er-Jahre innerhalb dieses Segments ist zusätzlich allen voran das „Umsatzsteuerrecht im Europäischen Binnenmarkt" von Dr. Wolfram Birkenfeld und Christian Forst zu erwähnen – die erste vollständige Sammlung der in der EU geltenden Umsatzsteuerrichtlinien.

Mit einer ganzen Reihe von steuerrechtlichen Publikationen nimmt der Verlag in den 1970er-Jahren eine paradigmatische Wende vor. Haben bisher die Spezialaspekte des jeweiligen Rechtsgebietes im Vordergrund gestanden, so wird nun besonderer Wert auf jene Werke gelegt, die sich dem Gegenstand aus einer fachübergreifenden Perspektive nähern. So wird etwa die Frage nach der Rechtsform eines Unternehmens statt isoliert unter steuerrechtlichen Gesichtspunkten in einem umfassenderen Zusammenhang betrachtet: Ab sofort werden vor allem betriebswirtschaftliche, bürgerlich-rechtliche und gesellschaftsrechtliche Aspekte stärker miteinbezogen.

Das Umsatzsteuerrecht im Europäischen Binnenmarkt (1992, 3. Aufl. 1998)

Genau diese Verzahnung zivilrechtlicher und steuerrechtlicher Aspekte spielt in dem 1976 erstmals erscheinenden „Handbuch der Vermögensnachfolge" eine entscheidende Rolle. Während in einem bürgerlich-rechtlichen Teil die zivilrechtlich denkbaren Regelungen der Vermögensnachfolge behandelt werden, bietet der zweite Teil eine umfassende Orientierung auf steuerrechtlichem Gebiet. Kompetente und laufend auf den neuesten Stand gebrachte Erläuterungen machen das Handbuch zu einer zuverlässigen Entscheidungsgrundlage in allen Fragen der Vermögensnachfolge.

Mit den „Modernen Rechtsformen der Wirtschaft" wird 1977 schließlich eine eigene interdisziplinär ausgerichtete Publikationsreihe ins Leben gerufen. Herausgeber der Reihe ist Professor Dr. Lutz Fischer, dessen im Erich Schmidt Verlag erscheinendes Buch „Internationale betriebswirtschaftliche Steuerlehre" das erste und damit neu unter betriebswirtschaftlichen Aspekten geschriebene Lehrbuch auf diesem Gebiet ist. Mit dem verkürzten Titel „Rechtsformen der Wirtschaft" wird die Betreuung der Reihe um die Herausgeberschaft durch Professor Dr. Volker Breithecker ergänzt.

Handbuch der Vermögensnachfolge (1976, 5. Aufl. 1997)

Knapp ein Jahrzehnt nach dieser grundlegenden Weichenstellung innerhalb des Verlagsprogramms legt die Bundessteuerberaterkammer ein „Anforderungsprofil des Steuerberaters" vor, das exakt die skizzierte Richtung einschlägt: Neben den rechtlichen Schwerpunkten zählen innerhalb der Ausbildung fortan auch fundierte betriebswirtschaftliche Kenntnisse zum unmittelbaren Handwerkszeug des kompetenten Steuerberaters. Grundtenor dieses Programms ist die Überzeugung, dass gerade im Unternehmensbereich die Beratung „aus einer Hand" einen immer wichtigeren Stellenwert einnimmt. Der Mandant bedarf auch in Fragen der allgemeinen Unternehmensführung eines nicht allein im Steuerwesen versierten Partners. Im Anschluss an diese Entwicklung baut der Verlag sein Programm im Laufe der 1980er-Jahre mit Publikationen zu einem „ganzheitlichen" Berufsprofil des Steuerberaters weiter aus, z.B. mit Dr. Michael Hebigs „Existenzgründungsberatung".

Existenzgründungsberatung (1989, 4. Aufl. 1999)

Nach dem Ausscheiden des steuerlichen Programmlektors, Klaus Kottke, der diese Abteilung in München seit 1966 betreut und maßgeblich zu deren Aufbau beigetragen hat, geht die Leitung des Bereichs 1986 auf Dr. Claudia Teuchert-Pankatz in der Bielefelder Niederlassung über. Für ihre Programmarbeit bilden in den Folgejahren die politischen Entwicklungen im Steuer- und Wirtschaftsrecht einen wesentlichen Schwerpunkt. Zwei auch gesellschaftspolitisch äußerst relevante Themen stehen zu Beginn der 1990er-Jahre im Mittelpunkt der Publikationen: die Wiedervereinigung und die aufkommenden Diskussionen um eine grundlegende Steuerreform. Diese angedachte Reform wirkt sich zunächst allerdings nur in Form einer Flut von mehr oder weniger kleinen Änderungen am bestehenden Steuersystem aus.

Dr. Claudia Teuchert-Pankatz, Leiterin des steuerlichen Lektorats

Im Jahre 1992 erscheint das Nachschlagewerk Veltrup/Christoffel, „Förderung der Wirtschaft in den neuen Bundesländern". Zudem legt der Verlag eine Reihe besonders zeitnaher Veröffentlichungen zu den wichtigen Steueränderungsgesetzen vor: die vier bis acht Wochen nach Verabschiedung des jeweiligen Gesetzes erscheinenden Bände

Jahressteuerge-
setz 1996 (1995)

Bilanzanalyse
(1999)

„Jahressteuergesetz 1996" von Dr. Ludwig Roland, „Jahressteuergesetz 1997" von Dr. Detlef Kronthaler und „Steuerentlastungsgesetz 1999/2000/2002" von Professor Dr. Volker Breithecker.

Über den Bereich des Steuerrechts hinausgehend wird das wirtschaftliche Programm des Verlages ausgebaut. Dessen Schwerpunkt liegt bei betriebswirtschaftlichen Publikationen. Der Eröffnung der Reihe „Grundlagen und Praxis der Betriebswirtschaft" im Jahr 1966 folgen u. a. „technological economics" im Jahr 1988, deren Titel den Grenzbereich zwischen Betriebswirtschaft und Ingenieurwissenschaft abdecken. Mit dem 1998 erfolgten Erwerb des „S+W Steuer und Wirtschaftsverlages", Hamburg, kann die Thematik Kostenrechnung und Rechnungswesen ausgebaut und das Angebot an betriebswirtschaftlicher Studienliteratur wesentlich erweitert werden. So erscheint dann auch das hoch angesehene Lehrbuch von Professor Dr. Ulrich Döring und Professor Dr. Rainer Buchholz „Buchhaltung und Jahresabschluss" im ESV.

Dem aktuellen Bedarf an verlässlicher beratender Literatur im Bereich der Rechnungslegung von Unternehmen kommt der Verlag mit einer Reihe von Publikationen nach. Allein im Jahr 1999 erscheinen fünf Werke in diesem Bereich: die „Bilanzanalyse" von Dr. Eberhard Schult, die Werke zur Konzernrechnungslegung von Professor Dr. Horst Gräfer und Professor Dr. Guido A. Scheid sowie Professor Dr. H. Michael Korth und Professor Dr. Rainer Kasperzak, das „Polnische Bilanz- und Steuerrecht" von Professor Dr. Stephan Kudert und der Titel „Immaterielle Wirtschaftsgüter im Handels- und Steuerrecht" von Dr. Ursula Niemann.

Einen weiteren Schwerpunkt des betriebswirtschaftlichen Programms bildet die Interne Revision. Die „Zeitschrift Interne Revision" und die Schriftenreihe „Interne Revision", herausgegeben vom Deutschen Institut für Interne Revision, erfreuen sich in Fachkreisen des In- und Auslandes hoher Anerkennung.

Auch das wirtschaftsrechtliche Programm wird vorangetrieben. Eine prominente Stelle nehmen dabei die bankrechtlichen Inhalte ein. Der Grundstein der Entwicklungen auf dem Gebiet des Bankrechts ist bereits mit dem 1952 erstmals erscheinenden „Recht der Kreditsicherung" von Dr. Hellmut Scholz gelegt worden. Das Werk wird für viele Jahrzehnte von Dr. Hans-Jürgen Lwowski bearbeitet. Es zählt zu den führenden Handbüchern auf seinem Gebiet. Ein weiterer „Klassiker" in Sachen Bankrecht ist der von Friedrich Reischauer und Dr. Joachim Kleinhans begründete, ab 1963 herausgegebene Loseblatt-Großkommentar zum Kreditwesengesetz mit der Werkmarke „Reischauer/ Kleinhans". Dieser Kommentar steht auch in seiner Materialauswahl in einer ureigenen Verlags-Tradition. Neben dem amtlich veröffentlichten Material (Gesetze, Rechtsverordnungen, Allgemeinverfügungen, Einzelanordnungen) berücksichtigen die Verfasser ansonsten nur schwer zugängliche Grundsatzentscheidungen insbesondere des Bundesaufsichtsamtes für das Kreditwesen. Neben der Aktualität macht das auf langjähriger Erfahrung beruhende Fachwissen den hohen praktischen Wert des Großkommentars aus.

Unter den weiteren neu entstehenden maßgeblichen Publikationen innerhalb des Bereichs Wirtschaftsrecht sind drei Werke hervorzuheben, die in Fachkreisen höchstes Ansehen genießen: Dr. Siegfried Kümpels „Kapitalmarktrecht", Karl-Heinz Steders „Genossenschafts-Handbuch" und der Kommentar „Bundesdatenschutzgesetz" von Dr. Hans-Jürgen Schaffland und Noeme Wiltfang. Im Verkehrsrecht nehmen Werke wie Hein/Eichhoff/Pukall/ Krien „Güterkraftverkehrsrecht" und Bidinger „Personenbeförderungsrecht" einen ähnlich hohen Stellenwert ein. Mit dem von Dr. Gerrit Manssen 1999 herausgegebenen Kommentar zum „Telekommunikations- und Multimediarecht" wendet sich der Verlag auch in diesem Bereich den neu hinzukommenden juristischen Entwicklungen zu.

Kommentar zum Telekommunikations- und Multimediarecht (1999)

Wirtschaft, Steuern und Wirtschaftsrecht

oben: Das Bielefelder Verlagshaus

unten: Die Münchner Niederlassung

Zeitenwende und Projekte

Im Sommer 1979 erleidet Dr. Erich Schmidt jun. zwei Schlaganfälle. Der schwere Schicksalsschlag ereilt ihn unmittelbar nach der Einweihung des neuen Verlagshauses in Bielefeld. Bis zu seinem Tod kann er den Verlag nur noch von zu Hause aus führen. Es ist eine Qual für einen Menschen, dessen Tatkraft trotz schwerster Erkrankung ungebrochen ist. Um die weitere Entwicklung des Verlags von seinem persönlichen Schicksal zu lösen, wandelt er in diesen Jahren den bis dahin in der Rechtsform der Einzelfirma geführten Verlag in eine GmbH um.

Claus-Michael Rast

Dr. Joachim Schmidt

Als Dr. Erich Schmidt jun. am 8. November 1985 nach sechs Jahren Krankheit im Alter von nur 62 Jahren stirbt, übernimmt Claus-Michael Rast die aktive Leitung des Verlages. Ende 1998 tritt mit Dr. Joachim Schmidt, der bis dato über die Gesellschafterversammlung bei den grundlegenden Entscheidungen des Verlages eingebunden war, die dritte Generation der Gründungsfamilie operativ in die Unternehmensführung zusätzlich ein.

Während das Verlagsprogramm nach dem Tod von Dr. Erich Schmidt jun. auf dem von ihm vorgezeichneten Weg erfolgreich weiterentwickelt werden kann, erfordern die innerbetrieblich sehr auf seine Person zugeschnittenen Arbeits- und Entscheidungsabläufe zahlreiche Veränderungen. So werden in den Folgejahren die Kompetenzen der Programmabteilung deutlich erweitert. Interne Organisation und Technik erfahren durch den konsequenten Einsatz der EDV in sämtlichen Verlagsbereichen eine grundlegende Erneuerung.

Nur kurz nach dem Ableben von Dr. Erich Schmidt jun. macht sich das Ende der 1980er-Jahre auf, eine fundamentale Zeitenwende einzuleiten. So kündigt sich mit der sowjetischen Glasnost- und Perestroika-Politik, maßgeblich vorangetrieben vom sowjetischen Staatspräsidenten Michail Gorbatschow, den zunehmenden Botschaftsbesetzungen und Kundgebungen gegen die Regierung der DDR der Niedergang dieses Staates an. Am 4. November 1989 demonstrieren auf dem Berliner Alexanderplatz 500 000 Menschen gegen das Machtmonopol der SED. Am 9. November 1989 wird ein neues Geschichtskapitel geschrieben: Die DDR-Führung gibt die Öffnung der Grenzen zur Bundesrepublik bekannt. Die Mauer fällt. Die DDR-Führung besiegelt ihr eigenes Ende. Die Wiedervereinigung der beiden deutschen Staaten steht auf der Agenda. Von bundesdeutscher Seite aus ist es vor allem Bundeskanzler Helmut Kohl, der die historische Chance erkennt – und nutzt. Nachdem die Bedenken der Sowjetunion und der drei westlichen Alliierten aus dem Weg geräumt werden können, wird am 12. September 1990 in Moskau per Vertrag einem vereinten Deutschland die volle Souveränität zugesprochen. Die alliierten Hoheitsrechte werden mit Wirkung zum 3. Oktober 1990 – dem Beitrittsdatum der DDR zur Bundesrepublik und damit der Tag der Wiedervereinigung – ausgesetzt.

Mit alledem beginnt die Zeitgeschichte wieder unmittelbar und mit Wucht Einfluss auf das Verlagsgeschehen zu nehmen: Der Auf-

Das neue Verlagsgebäude in der Genthiner Straße (1994)

bau des Erich Schmidt Verlags mit seinen beiden Zweigstellen in Bielefeld und München hat sich nicht nur zur Zeit des aufziehenden Kalten Krieges vollzogen. Er ist auch direkter Ausdruck der damaligen politischen Verhältnisse. Die Niederlassung Bielefeld ist ursprünglich so konzipiert, dass sie im Ernstfall einer – durch die politischen Verhältnisse erzwungenen – Abkopplung Berlins eigenständig weiterexistieren kann. Das hat zur Folge, dass die meisten verlagsinternen Strukturen von der Herstellung bis zur Auslieferung doppelt existieren. Zeitweise sind in der Niederlassung Bielefeld mehr Mitarbeiterinnen und Mitarbeiter beschäftigt als am Stamm-

Das ESV-Logistikzentrum in Genshagen (1996)

haus in Berlin. Mit dem Fall der Mauer und der Wiedervereinigung entfällt endgültig die Notwendigkeit einer solchen „Spiegelung".

Die Niederlassung in Bielefeld wird bis Mitte der 1990er-Jahre schrittweise verkleinert. Die in Berlin und Bielefeld parallel bestehenden Abteilungen werden weitgehend auf das Berliner Stammhaus konzentriert. In der Folge macht dies eine Vergrößerung der Berliner Verlagsgebäude um einen Anbau auf dem anliegenden verlagseigenen, bis dahin lediglich als Parkplatz genutzten Grundstück nötig. Das neue Gebäude wird 1994 bezogen. Eine weit größere Umwälzung als dieser Umzug bringt die Neuorganisation der Versand- und Lagertätigkeit mit sich. Sie erfolgt bis dahin von mehreren Standorten in Berlin und Bielefeld aus. Durch den Bau des ESV-Logistikzentrums in Genshagen bei Berlin, das 1996 in Betrieb genommen wird, können die bestehenden Kapazitäten nicht nur gebündelt, sondern grundlegend umstrukturiert und modernisiert werden.

Der Schritt in die Kommunen – auf der Spur der Neuen Medien

Parallel zu den genannten organisatorischen Veränderungen erweitert sich auch das Programm um zwei wesentliche Bereiche. Der eine betrifft das Gebiet des Kommunalrechts und der Kommunalverwaltung, auf dem der Verlag im Laufe der 1990er-Jahre Fuß fasst. Durch die sich infolge der Wiedervereinigung Deutschlands neu bildenden Gebietsstrukturen ergibt sich hier die Chance eines verlegerischen Engagements. Insbesondere in Ostdeutschland entstehen enorme Verwaltungsaufgaben.

Bereits der erste Titel „Kommunale Selbstverwaltung" mit Ersterscheinen im Jahr 1991, ein Arbeitshandbuch für die neuen Kommunen, wird zum Erfolg. Neben der Berücksichtigung des zielgruppenspezifischen Hintergrundes, beispielsweise der grundlegenden kommunalen Bestimmungen der ehemaligen DDR, ist dafür auch die Auswahl der Autoren verantwortlich. Dr. Klaus Vogelsang, Richter am Bundesverwaltungsgericht, Uwe Lübking, Referent beim Deutschen Städte- und Gemeindebund und Helga Jahn, Referentin der brandenburgischen Staatskanzlei, tragen durch ihre unterschiedlichen Erfahrungen und Sichtweisen maßgeblich zum Gelingen des Werkes bei.

In unmittelbarer Folge erscheint eine eigene, dem „Finanzwesen der Gemeinden" gewidmete Reihe, deren Bände – wie etwa das Werk von Ulrich Cronauge „Kommunale Unternehmen" – bald schon über den Bereich der neuen Bundesländer hinaus in ganz Deutschland Verbreitung finden.

Mit dem aktuellen Titel „Kommune online" eröffnet 1998 der Deutsche Städte- und Gemeindebund die „Schriften des Deutschen Städte- und Gemeindebundes" im Erich Schmidt Verlag, mit denen endgültig die Begrenzung dieses Programmbereichs auf die neuen Länder ein Ende findet.

Aber nicht allein politisch stehen die 1980er- und 1990er-Jahre für revolutionäre Entwicklungen. Auch fundamentale technische Veränderungen klopfen an die Tür. Als die elektronischen Medien 1984 unter dem Schlagwort „Neue Medien" erstmals im Zentrum der Frankfurter Buchmesse stehen, gilt die Aufmerksamkeit jedoch nur am Rand den neuen technischen Möglichkeiten. Die im Rahmen des Themen-

Kommunale Selbstverwaltung (1991, 2. Aufl. 1997)

schwerpunkts „Orwell 2000" entwickelten Visionen und Szenarien spiegeln in erster Linie die gesellschaftlichen Ängste und Befürchtungen wider, die mit der drohenden Abkehr vom Leitmedium Buch einhergehen. Die Skepsis gegenüber den damaligen Neuen Medien kommt exemplarisch in der Installation eines „Kultigators" in Drachengestalt zum Ausdruck, der mittels einer eingebauten Schrottpresse Fernsehgeräte „frisst".

Erst 1993 wird den Neuen Medien im Rahmen der Frankfurter Buchmesse ein eigenständiges, gleichberechtigtes Forum für elektronische Produkte im Verlagsbereich geschaffen. Das Interesse des Publikums ist enorm. Stehen anfangs Ratgeberwerke und informative Unterhaltung („Edutainment") im Vordergrund, so setzt sich das Bewusstsein für die Möglichkeiten der Neuen Medien im Bereich der Fachinformationen ab 1995 allmählich durch.

Kommune online (1998)

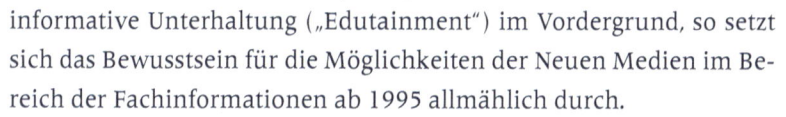

Im selben Jahr beginnt auch die Geschichte der Neuen Medien im Erich Schmidt Verlag. An deren Anfang steht die bereits im Bereich Arbeitssicherheit und Unfallschutz erwähnte Entwicklung von Arbeitsschutzsoftware in Zusammenarbeit mit dem „Berufsgenossenschaftlichen Institut für Arbeitssicherheit" (BIA).

Im Folgejahr geht der Verlag erstmals dazu über, ausgewählte Werke seines traditionellen Print-Programms auf CD-ROM zu publizieren: Neben dem „Handwörterbuch des Umweltrechts" (HdUR) erscheint 1996 die von Volker Weigelt herausgegebene „Verkehrsrechts-Sammlung" (VRS). Die über 7 400 Entscheidungen aus allen Gebieten des Verkehrsrechts umfassende Sammlung bietet sich aus mehreren Gründen für einen solchen Schritt an. Neben dem hohen Stellenwert des Verkehrswesens insgesamt ist gerade der schnelllebige Bereich der Jurisdiktion prädestiniert für ein Medium, dessen Stärke in der laufenden Aktualität besteht. Monatliche Updates bringen die VRS stets auf den neuesten Stand. Für die Praxis noch entscheidender ist allerdings ein anderer Vorzug der CD-ROM-Fassung: die enorme Vereinfachung der Recherchetätigkeit innerhalb der Sammlung.

Mit der „CD Umweltrecht (CDUR)" erscheint 1997 die umfassendste Umweltrecht-Volltext-Datenbank in Deutschland. Umgerechnet sind es über 40 000 Seiten Bundes- und Landesrecht im Volltext, erschließbar mit zahlreichen Möglichkeiten der Maskensuche, die die praktische Arbeit am Text erheblich erleichtern. Zudem ermöglicht das Werk durch ein umfangreiches Umweltrechtarchiv den schnellen und bequemen Zugriff auf ältere Bestimmungen – ein in diesem ebenfalls außerordentlich lebendigen Rechtsbereich wichtiges Hilfsmittel für Juristen.

Als erstes digitales Massenprodukt wird 1998 die CD-ROM „Im Zeichen Europas, Politik im Schaubild" für das Presse- und Informationsamt der Bundesregierung herausgegeben. Hintergrund dieser Publikation bildet das Verlags-Engagement im Bereich der politischen Bildung, in dessen Zentrum ab 1949 die „ZAHLENBILDER" stehen. 1999 erscheint erstmals auch eine Jahrgangs-Auswahl der ZAHLENBILDER auf CD-ROM.

Im Rahmen ihrer Anfänge entstehen in der Abteilung „Neue Medien" im Verlag ein halbes Dutzend Online-Datenbanken. Dazu zählen z. B. das „Handwörterbuch des Umweltrechts" (HdUR, 1997), „VRS-Online" (1997) und „ZAHLENBILDER-Online" (1998). Über zwanzig Publikationen erscheinen auf Diskette oder CD-ROM.

Mit seinem wohl ambitioniertesten Projekt auf diesem Gebiet, dem Online-Fachinformationsdienst „UmweltOnline" unter www.umwelt-online.de, baut der Erich Schmidt Verlag seine Position im Umweltbereich weiter aus. Der Internet-Marktplatz für Umweltfachinformation bietet Fachleuten aus Forschung und Praxis ebenso wie ökologisch engagierten „pressure groups" einen umfassenden Service in sämtlichen Umweltfragen. So wie im Fall der CD-ROM steht hier das Moment größtmöglicher Aktualität in allen Bereichen im Vordergrund.

CD-ROM Im Zeichen Europas, Politik im Schaubild (1997)

CD-ROM Umweltrecht (CDUR) (1997)

Ob in Fragen der Jurisdiktion und Gesetzgebung (Rechtsprechungs-Telegramm, Gesetzes-Telegramm), der Termine von umweltspezifischen Messen, Tagungen und Lehrgängen (Veranstaltungsvorschau) – die Userinnen und User sind stets auf dem aktuellen Stand. Das Gleiche gilt für das umfassende „Literatur-Telegramm", das die Neuerscheinungen innerhalb der einzelnen Bereiche des Umweltrechts

Die ESV-Leitung 1999.

Vordere Reihe v. l.: Dr. Joachim Schmidt, geschäftsführender Gesellschafter, Dr. Carina Lehnen, Philologische Abteilung, Claus-Michael Rast, Geschäftsführer

Mittlere Reihe v. l.: Wolfgang Schlüter, Personal und Verwaltung, Dr. Gerhard Huck, Redaktion ZAHLENBILDER

Hintere Reihe v. l.: Winfried Plochl, Werbeabteilung, Bernd F. W. Masuch, Programmplanung Recht, Wirtschaft, Technik

(nicht auf dem Foto: Sibylle Böhler, Vertrieb und Ulrich Krassowsky, Herstellung)

erfasst. Durch Links zu den einschlägigen Bundes- und Landesbehörden, Newsgroups, Umwelt-Initiativen, Datenbanken anderer Institutionen und selbst zu kinderspezifischen Umwelt-Homepages entfaltet „UmweltOnline" ein umfassendes Spektrum umweltrelevanter Informationen.

Die sich mit dem Einzug der Neuen Medien und der damit verbundenen Digitalisierung bereits abzeichnenden Umwälzungen im Verlagswesen, vor allem im Bereich der Fachinformations- und Wissenschaftsverlage, sind in ihrem Ausmaß zu Beginn kaum abzusehen. Jedoch ist bereits frühzeitig gewiss: Die Veränderungen, die sie mit sich bringen, werden einschneidend sein. Der Erich Schmidt Verlag sieht den Veränderungen der Zeit mit Selbstbewusstsein entgegen, denn eine Qualität hat sich der

Verlag im Laufe seines Bestehens über all die vielen Jahrzehnte hinweg bewahrt: die Fähigkeit, sich im Vertrauen auf die eigene Erfahrung den aktuellen Herausforderungen mit Entschlossenheit, Weitsicht und Verantwortung zu stellen.

Mit Blick auf das folgende neue Jahrtausend, muss man den oben genannten Prädikaten noch ein weiteres hinzufügen: die schöpferische Neugier, die jeden Aufbruch in unbekannte Gefilde leitet.

VERÄNDERTE GEWISSHEITEN 2000–2024

Auf dem Weg in die Transformation

Sie sind die bestimmenden Größen der ersten Dekade des neuen Jahrtausends: Transformation und Volatilität. Beide sind auf das Engste miteinander verknüpft. Die Transformation entspringt aus den Tiefen der globalen Gesellschaft. Nur scheinbar ist sie stark technologisch getrieben. Sie bewirkt auf nahezu allen Ebenen – zum Teil schleichend, zum Teil sprunghaft – die Veränderung lang gehegter gesellschaftlicher Paradigmen. Gewissheiten lösen sich auf. Strukturen werden instabil. Neue und vor allem gefestigte Antworten lassen immer zahlreicher auf sich warten. Das Leben wird zusehends volatil.

Insbesondere der breit angelegte Start in die Digitalisierung nahezu aller gesellschaftlichen Bereiche erweist sich als wuchtiger Treiber der Transformation. Kern der Entwicklung sind die sich stark beschleunigende Verbreitung des Internets sowie das rasante Wachstum der Kompetenzen für digitale Technologien. Nun ist die Digitalisierung nicht ein Kind erst dieser Jahre. Jedoch: Im ersten Jahrzehnt des neuen Jahrtausends entfesselt sich mit Wucht ihre gesamte Kraft. Die Digitalisierung erfasst nach und nach die Berufswelt, das private Leben. Während sich in der Berufswelt die Digitalisierung mit ihren branchentypischen Belangen und Charakteristiken ausprägt, startet originär mit der Ausrichtung auf das private Leben eine der bedeutendsten technischen Revolutionen. Die US-amerikanische Firma Apple bringt Anfang 2007 das iPhone zur Welt und läutet damit eine neue Ära ein. Es vereint technisch in nur einem Handheldgerät mit Touchscreen Mobiltelefon, Musikspieler und Internetkommunikation. Die mannigfaltigen Auswirkungen der Innovation können gar nicht überschätzt werden. Sie steht sinnbildlich für die rasante Technologieentwicklung und ihre massiven gesellschaftlichen Auswirkungen. Facebook, YouTube, Pinterest, WhatsApp und Instagram – soziale Netzwerke und neue rein digital getriebene Kommunikationskanäle formieren sich. Die Digitalisierung wird in nahezu allen Bereichen selbst lang gehegte Fertigkeiten und Gewissheiten auflösen, in einen unaufhörlichen Veränderungspfad schicken und immer wieder neu arrangieren.

Die Gesellschaft wird im Einklang mit der Transformation in voller Breite zunehmend volatil – der Anteil stabiler Entwicklungen schwindet. Mit Umstellung auf den Euro tritt die D-Mark in Deutsch-

iPhone 1 – das Tor zu einer neuen Ära

© Carl Berkeley, Riverside California Partyzan_XXI, CC BY-SA 2.0

land zum 1. Januar 2002 ihre Rolle als gesetzliches Zahlungsmittel ab. Das Datum war lange zuvor bekannt, die Umstellung bewältigt Gesamtdeutschland gut, wenn auch innerdeutsche Unterschiede bei Löhnen, Gehältern und Renten zunächst fortbestehen. Weltweite Krisen prägen massiv das Wirtschaftsleben: 2007 / 2008 ist es die Finanzkrise, die die Welt in ihren Fundamenten erschüttert. Das Platzen der Spekulationsblase im US-Immobilienmarkt, eine mehr als lückenhafte Regulierung der Finanzmärkte, ein fehlgeleiteter Bankensektor, eine falsch gesteuerte Geldpolitik – all das löst eine weltweite Rezession und einen Strauß von hektisch zusammengezimmerten staatlichen Bankenrettungspaketen aus. Das Gesicht der Krise ist für alle Zeiten die US-Investmentbank Lehman Brothers. Ihr Zusammenbruch im September 2008 markiert den Höhepunkt des Bebens. Sie steht sinnbildlich für die schlimmste weltweite Wirtschaftskrise seit dem Jahr 1929.

Und damit nicht genug: Ab dem Jahr 2010 kommt es zur Euro-Krise. Es ist eine Krise der Europäischen Währungsunion, einer gefährlichen Kombination aus Staatsschulden-, Banken- und Wirtschaftskrise. Die enorme Staatsverschuldung der wirtschaftsschwachen Staaten der Eurozone infiziert alle anderen, so auch die starken. Die Folge ist eine Währungskrise der Staaten des Euroraums. Mühsam wird der Euro-Rettungsschirm geboren. Gleich mehrere Maßnahmen sollen die Zahlungsfähigkeit der in Schwierigkeiten geratenen Mitgliedsstaaten sichern. Und wie die Finanzkrise zuvor hat auch die Euro-Krise ihr eigenes Gesicht: Griechenland. Nur dank des entschlossenen Zusammenwirkens von Internationalem Währungsfonds und EU ge-

Amtlicher Umtauschkurs: 1 Euro für 1,95583 DM

Die Welt im Bann der Finanzkrise

Die Euro-Krise

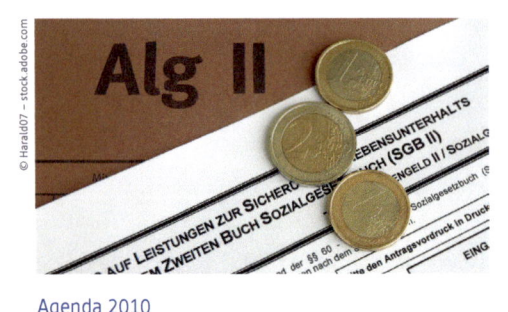

Agenda 2010

lingt es, Griechenland vor der Zahlungsunfähigkeit zu bewahren. Die Euro-Zone ist gerettet.

Mehr denn je schärft auch die Globalisierung im Kontext der Transformation und Volatilität ihre Konturen. Weltweit steigt die Mobilität, verdichtet sich die Kommunikation. Der Welthandel wird zusehends liberalisiert, der Kalte Krieg ist beendet. Sämtliche gesellschaftliche Bereiche vernetzen sich in einem bisher nie gekannten Ausmaß. Das verhilft jedoch nicht nur zu Wohlstand wie nie zuvor in vielen Regionen der Welt. Im Gegenteil: Durch die verstärkte Globalisierung entstehen zugleich enorme Herausforderungen – so auch in Deutschland. 5 000 000, das ist die Größe, auf die die Anzahl der Bundesbürger ohne Arbeit im Jahr 2005 zusteuert. Die rot-grüne Bundesregierung unter Kanzler Gerhard Schröder begegnet der Herausforderung der steigenden Arbeitslosigkeit bereits im Frühjahr 2003 mit der größten Arbeitsmarkt- und Sozialstaatsreform in der Geschichte der Bundesrepublik Deutschland, der Agenda 2010. Die äußerst umstrittene Reform wird sich insgesamt als beispielloser Erfolg erweisen.

Und die Globalisierung trägt teilweise fanatische Züge mit verheerenden Auswüchsen, wie sie sich in den Terroranschlägen vom 11. September 2001 in New York auf das World Trade Center sowie anschließend in Madrid und London manifestieren. Dabei markiert der Terroranschlag in New York, der als 9/11 in die Geschichtsbücher eingeht, einen Wendepunkt für die westliche Welt. Islamistische Terroristen des Terrornetzwerkes al-Qaida, dessen Kopf Osama bin Laden ist, fliegen mit vollbesetzten Verkehrsflugzeugen in die Türme des World Trade Centers in New York und in das Pentagon. Eine vierte Maschine stürzt ab. Die Folgen sind verheerend. Mehr als 2 600 Menschen finden den Tod. Die USA und ihre Verbündeten reagieren entschlossen. Bereits vier Wochen nach 9/11 beginnt der Krieg in Afghanistan gegen die islamisch-fundamentalistischen Taliban. Die Bundeswehr folgt nach. Die USA errichten auf Kuba in Guantanamo ein Internierungslager. Auch der Irak rückt in den Fokus im Kampf gegen den Terror. Die USA-Regierung sieht den Irak im Zentrum der „Achse des Bösen". Mit einer „Koalition der Willigen" marschieren die USA in den Irak ein. Deutschland und Frankreich verweigern sich. Das europäisch-amerikanische Verhältnis wird tief belastet. Aber nicht allein militärisch startet der Kampf gegen den islamistischen Terrorismus. Gesetze machen sich auf den Weg. Initialzündung ist das US-amerikanische Bundesgesetz Patriot Act im Oktober 2001. Weitere werden auf den Weg gebracht – weltweit. Sicherheit ist fortan das Gebot der Stunde. Sicherheit wird die Rechtfertigung vielfältigster Einschränkungen. Die persönliche Freiheit des Einzelnen wird stark beschnitten. Sie soll nie mehr so sein wie vor 9/11.

Das Verlagsgeschäft steht im Einklang mit all diesen Entwicklungen. Die Branche verarbeitet sie nach der ihr eigenen Logik. Auch für den ESV nimmt die Transformation an Fahrt auf, zieht Volatilität in die Strukturen ein. Die Digitalisierung revolutioniert zusehends das Publizieren und das Verlagsgeschäft. Beendet ist diese Umwälzung noch lange nicht – im Gegenteil. Die neu entstehenden technischen Möglichkeiten senken die Eintrittsbarrieren auf den Publikationsmärkten in einer nie gekannten Art und Weise. Und nicht nur das: Die Kosten der Vervielfältigung und Verbreitung von Informationen fallen dramatisch. Und das Gut Information entfaltet seine volle Widersprüchlichkeit: Einerseits sind Informationen kostenfrei, jederzeit und überall erhältlich. Sie werden zu Recht oder zu Unrecht schlicht kopiert, in alle Welt über vielfältigste Kanäle verbreitet. Information und Wissen werden demokratisiert. Andererseits gewinnen Informationen an Wert – was exklusiv ist und zum eigenen Vorteil verhilft, das kann kosten, ist oft schwierig zu beschaffen.

Diese Transformation entfacht erneut die Diskussion des Urheberrechts. Der Eindruck entsteht, als werde das Urheberrecht in der Dekade quasi „wachgeküsst". Schrittweise wird versucht, das Recht im Kontext der Digitalisierung fortzuentwickeln, anzupassen. Das führt mitunter zu schwierigen Abwägungen von Interessen – nicht selten zu Ungunsten der Urheber und Rechteverwerter. Besonders die teilweise

Die Twin Towers des World Trade Centers und die Skyline von Manhattan, NYC

scharfen Diskussionen und Rechtsstreitigkeiten um den 2003 neu geschaffenen § 52 a des Urheberrechtsgesetzes unter dem Titel „Öffentliche Zugänglichmachung für Unterricht und Forschung" brennen sich in das Gedächtnis ein. Diese Schranke beschneidet die Rechteinhaber zu Teilen. Die Vorschrift wird zuerst befristet. Sie wird sich jedoch im Urheberrecht festsetzen und das Geschäftsfeld der Studienliteratur auch im ESV signifikant verändern.

Im Einklang mit all diesen Entwicklungen befindet sich der ESV in einer der innovativsten Phasen seiner langen Geschichte. Sämtliche Bereiche des Unternehmens werden von Veränderungen erfasst. Grundlegend und mit spürbarer Geschwindigkeit wandeln sich der Aufbau, die Prozesse und die Produkte des Hauses. Programm, Technik und Organisation nehmen Tempo auf.

Die technologische Kompetenz des Verlages wird 2001 mit dem Aufbau der Abteilung ESV-Digital, vormals Abteilung Neue Medien, sowie durch die Modernisierung der Herstellungsabläufe erheblich erweitert. Die Abteilung ESV-Digital wird initial als digitale Keimzelle angelegt, als „Verlag im Verlag". Die digitale Produktplanung, das Contentmanagement und das Marketing werden zum Start im Kern in der Abteilung gebündelt. Print und elektronisches Publizieren werden eher noch getrennt gedacht. Mit ESV-Digital sollen digitale Kompetenzen des ESV definiert und zentrale Qualifikationen geschaffen werden. Eine eigene Struktur von Dienstleistern um ESV-Digital entsteht. Von ESV-Digital aus werden die Kompetenzen und Qualifikationen sukzessive in den übrigen Strukturen des Verlages angelegt und verstärkt. Zum Ende des Jahrzehnts ist ESV-Digital kein „Verlag im Verlag" mehr: Die digitalen Kompetenzen sind flächendeckend im Verlag ausgerollt.

Das klassisch gedruckte ESV-Angebot, bestehend aus Bü-

UMWELT
digital.de

COMPLIANCE
digital.de

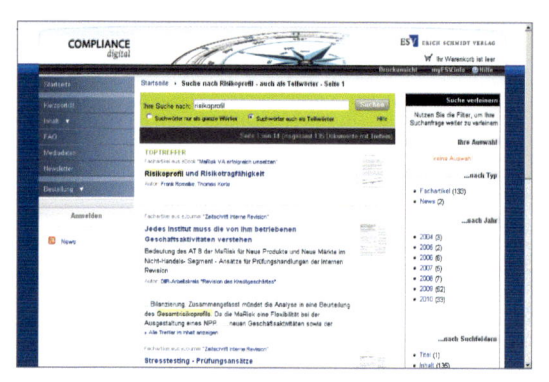

chern, Zeitschriften und Loseblattwerken, erfährt einen Wandel: Datenbanken, eJournals, eBooks, Extranets und CD-ROMs werden ein fester Bestandteil des Sortiments. Auch das Anzeigengeschäft wird multimedial. Immer mehr wichtige Werke des Hauses erscheinen nicht nur in gedruckter Form, sondern sind auch in verschiedensten Produktformen digital erhältlich. Printwerke werden um digitale Produkte erweitert. Und Angebote entstehen, die rein elektronisch verfügbar sind, wie die Datenbanken „UMWELTdigital.de" und „COMPLIANCEdigital.de".

Die zentralen Loseblattwerke des ESV werden in digitale Produkte transformiert. Zum Start des Jahrzehnts sind es CD-ROMs, die das Trägermedium der Werke werden. Extranets folgen. Prägend und impulsgebend für die gesamte Entwicklung ist das von der Forschungsgesellschaft für Straßen- und Verkehrswesen e.V. (FGSV) herausgegebene Werk „Straßenbau A–Z – Sammlung Technischer Regelwerke und amtlicher Bestimmungen für das Straßenwesen". Es gilt, die Dokumente des seit 1949 im ESV erscheinenden Werkes über zehntausende Seiten, bei einer Fülle von Ergänzungslieferungen, im laufenden Betrieb in ein medienneutrales Datenformat zu überführen und digital auszuspielen. Es ist eine komplexe und langwierige Aufgabe, die nur im Zusammenwirken von Redaktion und Verlag gelingt. Mit großer Akribie und hohem Arbeitseinsatz leistet die Redaktion um Herbert Kühn die inhaltlich-strukturelle Aufbereitung des Werkes. Der ESV erarbeitet die technisch-strukturelle Anlage der Dokumente und überführt das Werk in das vorgesehene medienneutrale Datenformat SGML. In Verbindung von ESV-Digital mit dem Dienstleister Weitkämper Technology wird das elektronische Produkt geschaffen – Straßenbau A–Z erscheint 2002 auf CD-ROM, dann 2008 mit gesicherter Peer-to-Peer-Verbindung als Extranet.

Straßenbau A–Z auf CD-ROM

Für die Kunden werden Angebotsformen im Digitalgeschäft platziert, die die Printwelt bisher so nicht kennt. Es ist der Start in das ESV-Lizenzgeschäft. Die stark erklärungsbedürftigen Produkte benötigen besondere Wege der Kundenansprache sowie gezielte Vertriebsanstrengungen: So wird 2008 das Key Account digitale Medien geschaffen. Der persönliche Kundenkontakt ist für den Erfolg des Digitalgeschäfts entscheidend. Er mündet nicht selten im Wunsch der Kunden nach maßgeschneiderten Lizenz- und Produktangeboten.

Der Fürst / GKÖD auf einer Scheibe

Neben „Straßenbau A–Z" erscheinen weitere zentrale Loseblattwerke wie Hauck / Noftz „Sozialgesetzbuch (SGB)", Fürst „Gesamtkommentar Öffentliches Dienstrecht (GKÖD)" und Schmatz / Nöthlichs „Sicherheitstechnik" sowie die „Verkehrsrechts-Sammlung (VRS)" auf CD-ROM. Technologisch geht es bei der Transformation der ursprünglichen Printwerke beständig weiter. Nach und nach werden Werke wie das „IFA-Handbuch – Sicherheit und Gesundheitsschutz am Arbeitsplatz" digitalisiert. Das Werk von Schmatz / Nöthlichs „Sicherheitstechnik" wird mit weiteren Inhalten in der Datenbank „ARBEITSSCHUTZdigital.de" subsumiert. Zum dynamischen Rechtsgebiet Datenschutz wird der Kommentar von Schaffland / Wiltfang, „Bundesdatenschutzgesetz (BDSG)" als Datenbank publiziert. In der Dekade frühzeitig, quasi als Vorläufer der Datenbankangebote, erscheinen die Zeitschriften umfassend neben ihrer gedruckten Ausgabe als eJournal. Die digitalen Zeitschriften, angeboten inklusive einem Infodienst, der per Mail über das Erscheinen der neuen Ausgabe informiert, erfreuen sich bei Fachkunden schnell großer Beliebtheit. Besonders offenkundig ist das bei der „Zeitschrift Interne Revision (ZIR)", die als das Organ des Deutschen Instituts für Interne Revision e.V. seit über fünf Jahrzehnten im ESV erscheint. Intensiv wird auf das eJournal zugegriffen.

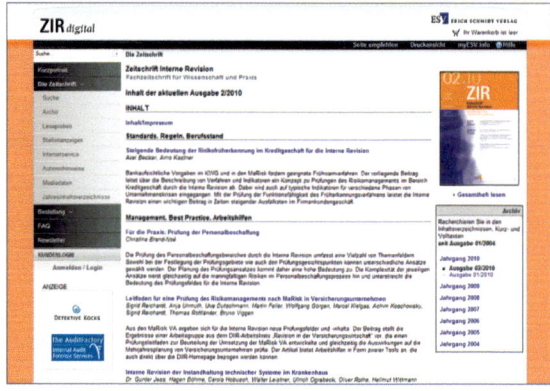

Die Datenbank Schaffland / Wiltfang, Bundesdatenschutzgesetz (BDSG)

Die Zeitschrift Interne Revision (ZIR) elektronisch

Aber nicht nur technologisch, sondern ebenso inhaltlich zentriert agiert der ESV mit Blick auf die Herausforderungen des Jahrzehnts. Es gilt, nicht allein die Zunahme der Breite an neuen Themen zu bedienen. Entscheidend ist zudem, dass das Haus sich gegenüber der Fülle an frei erhältlichen Informationen des Internets erfolgversprechend positioniert. Die Antwort darauf kann nur in einer tiefgehenden Qualitätsstrategie liegen. Daher wird die inhaltliche Kompetenz des ESV mit der Schaffung neuer Stellen im Lektorat umfassend ausgebaut. In der Folge nimmt die Anzahl der Werke mit Kommentar- bzw. Handbuchcharakter spürbar zu. Das führt zum Entstehen neuer Reihen wie die „Berliner Kommentare" und „Berliner Handbücher". Die Berliner Kommentare erarbeiten sich am Markt den Namen „Rote Reihe" – wegen ihrer Gestaltung. Als Erstlingswerk erscheint 2005 das Werk „UBBG – Unternehmensbeteiligungsgesellschaftsgesetz mit Erläuterungen zur Besteuerung der Kapital-/Unternehmensbeteiligungsgesellschaften" von Vollmer/Elser. Und auch auf der Seite der Verfasser führen personelle Veränderungen zur Schaffung hochkompetenter Werkstrukturen. So ergeben sich selbst im historischen Zentrum des Verlagsprogramms, dem Sozialrecht, tiefgreifende Veränderungen mit massiven strukturellen Auswirkungen. Ende des Jahres 2000 scheidet der Begründer Dr. Karl Hauck aus der Herausgeberschaft des SGB-Kommentars aus. Der seit 1996 das Großwerk mitbetreuende Mitherausgeber Prof. Dr. Wolfgang Noftz übernimmt die alleinige Herausgeberschaft. Damit verbunden entsteht für den SGB-Kommentar ein dreifacher Impuls: Es wird eine zukunftsweisende Struktur der Zusammenarbeit geschaffen, die sich in der Gesamtherausgeberschaft, Bandherausgeberschaft und Mitarbeiterschaft manifestiert. Diese Struktur ist nicht nur hochgradig stabil und flexibel zugleich. Sie ermöglicht als weiteren Impuls für das Werk, als Folge der Struktur, die maximale Entfesselung von Kompetenz. So ist es nicht verwunderlich, dass sich der SGB-Kommentar höchstes Ansehen erarbeitet hat. Wiederum als Folge dessen und zugleich als dritter Impuls ist der SGB-Kommentar zu einer eigenen Marke geworden. Damit ist dem Kommentar gelungen, was nur sehr wenigen Werken gelingt. Von den Schöpfern auf die nächste Stufe emanzipiert, ist der Kommentar unter der Werkmarke Hauck/Noftz die feste Größe der sozialrechtlichen Kommentarliteratur geworden. Ähnliches vollzieht sich beim Fürst, GKÖD – dem „Gesamtkommentar Öffentliches Dienstrecht". Mit dem Ableben des Begründers und alleinigen Gesamtwerkherausgebers Prof. Dr. Walther Fürst werden mit Dr. Ingeborg Franke und Prof. Dr. Hans-Dietrich Weiß gleich zwei Herausgeber bestellt. Die hohen Anforderungen an Aktualität und Qualität sind durch eine alleinige Herausgeberschaft nicht mehr zu leisten.

Tiefe inhaltliche Spuren im Programm hinterlässt in der Dekade insbesondere auch die auf Regulatorik ausgerichtete Gesetzgebung, immer stärker initiiert aus der EU-Gesetzgebung. Die Regulatorik erfasst wie von selbst zahlreiche juristische Programmbereiche des ESV, insbesondere den Bereich Handels-, Gesellschafts- und Wirtschaftsrecht. Die gesellschaftlichen Entwicklungen finden eine direkte inhaltliche Justierung im ESV-Verlagsprogramm. Am deutlichsten zeigt sich dies im Programm Bank- und Kapitalmarktrecht. Die Werke Reischauer/Kleinhans „Kreditwesengesetz (KWG)", Beckmann/Scholtz/Vollmer „Investment" sowie Kümpel/Hammen/Ekkenga „Kapitalmarktrecht" werden dauerhaft von einer Flut von Änderungen erfasst. Es wird eine besondere Herausforderung, die Änderungen im Blick zu behalten, die Werke zu strukturieren und zeitnah zu kommentieren. Neben dem Verlagsbereich Recht wird auch der Verlagsbereich Management und Wirtschaft stark von der Regulatorik ergriffen: Die sich formierende Compliance-Bewegung wird intensiv vom ESV begleitet. Sie hinterlässt im Programm auf Dauer tiefe Spuren. Dies manifestiert sich in der Gründung der Zeitschriften „Zeitschrift für Corporate Governance (ZCG)", „Risk, Fraud & Compliance (ZRFC)", herausgegeben von der School of Governance, Risk & Compliance, Steinbeis-Hochschule-Berlin, sowie der „Krisen-, Sanierungs- und Insolvenzberatung (KSI)". Gemeinsam mit der „Zeitschrift Interne Revision (ZIR)" prägen die Zeitschriften das der Regulatorik nahe ESV-Programm im Bereich Management und Wirtschaft. Aber auch das Buchprogramm wird davon erfasst. So kommt es 2005 mit Professor Dr. Karlheinz Küting, Professor Dr. Claus-Peter Weber und Professor Dr. Heinz Kußmaul zur Gründung der erfolgreichen Reihe „Bilanz-, Prüfungs- und Steuerwesen". 2009 erscheint das bedeutende Werk „Handbuch Interne Kontrollsysteme (IKS)" von Dr. Oliver Bungartz.

Der Bungartz – Das IKS-Standardwerk

Und auch die Forschung prägt in der Dekade das Programm des ESV nachhaltig. Das zeigt sich insbesondere im Verlagsbereich Philologie. Eine Arbeitsgruppe unter der Leitung von Professor Dr. Wolfgang Sellert macht sich daran, die Akten des kaiserlichen Reichshofrats zu erschließen. Der Reichshofrat zählt zu den herausragenden europäischen Höchstgerichten seiner Zeit und zu den wichtigsten Institutionen des Heiligen Römischen Reichs Deutscher Nation in der Frühen Neuzeit (16.–18. Jahrhundert). Die Akten sollen in 18 Bänden publiziert werden. Die Herausgeberschaft liegt bei der Akademie der Wissenschaften zu Göttingen in Zusammenarbeit mit der Österreichischen Akademie der Wissenschaften und dem Österreichischem Staatsarchiv. Erscheinen sollen die Bände unter dem Werktitel „Die Akten des kaiserlichen Reichshofrats" im ESV. 2008 wird der Verlagsvertrag für das monumentale Werk geschlossen.

Der Ausbau der inhaltlichen Kompetenzen des ESV beruht nicht allein auf organischem Wachstum, sondern auch auf Zukäufen – beispielsweise durch den Erwerb des juristischen Programms des Chmielorz Verlages im Jahre 2005. Mit dem Erwerb erfolgt die Stärkung des sozialrechtlichen Verlagsprogramms. Neben der Weiterführung von zwei Zeitschriften und vier Loseblattwerken gelingt mit dem Zukauf insbesondere die Übernahme der Zeitschrift „SGb – Die Sozialgerichtsbarkeit". Mit zwölf umfangreichen Ausgaben jährlich begleitet sie umfassend und zuverlässig die aktuelle Rechtsentwicklung im Sozialrecht. Aber auch in der Bereinigung des ESV-Portfolios zeigen sich die inhaltlich-programmatischen Veränderungen: So werden die seit Ende des Zweiten Weltkrieges im Haus redaktionell erarbeiteten „Zahlenbilder" Anfang 2010 an den Bergmoser+Höller Verlag veräußert. Einige der seit vielen Jahren gepflegten Loseblattwerke werden nicht weiter fortgeführt.

Verstärkt das Programm: SGB – Die Sozialgerichtsbarkeit

Grundlegende Veränderungen prägen das Geschäft des ESV seit Anfang des neuen Jahrtausends nicht nur allein technologisch-inhaltlich. So werden im Jahr 2003 viele Jahrzehnte deutscher Teilung auch in den grundlegenden Strukturen des ESV überwunden: Die Niederlassung in Bielefeld wird geschlossen. Zuvor wird im Jahr 2001 am Sitz des Stammhauses in Berlin ein neues Gebäude, das Haus Genthiner Straße 30 K, im Rahmen einer Versteigerung erworben und aufwendig saniert, um das in Bielefeld betriebene Geschäft letztendlich in der Hauptstadt fortzuführen.

Und auch personell ergeben sich für den ESV in der 2000er-Dekade prägende Veränderungen. Ende 2009 wechselt der langjährige Geschäftsführer des Verlages Claus-Michael Rast in den Ruhestand. Nach dem Tode von Dr. Erich Schmidt jun. im Jahr 1985 verantwortet er zuerst die laufenden Geschäfte mit großer Hingabe allein, dann ab Ende 1998 mit Dr. Joachim Schmidt gemeinsam, der bis dato die Gesellschafterversammlung repräsentierte. Mit dem Ausscheiden von

VERÄNDERTE GEWISSHEITEN 2000–2024

Claus-Michael Rast wird die Führungsstruktur des Hauses im Lektorat von Grund auf neu aufgestellt. Sie wird damit an die gesellschaftlichen Entwicklungen und Veränderungen im Hause angepasst: Vier Verlagsleitungen verantworten seitdem das Verlagsprogramm: Recht – Dr. Ursula Schweitzer, Steuern – Dr. Claudia Teuchert-Pankatz, Management und Wirtschaft – Claudia Splittgerber sowie Philologie – Dr. Carina Lehnen. Die Geschäftsführung wird fortan von Dr. Joachim Schmidt allein wahrgenommen.

Haus Genthiner Straße 30 K

Das erste Jahrzehnt des neuen Jahrtausends hält zu alledem noch deutlich mehr für den ESV bereit. So entwickelt sich nach mehrjährigem Vorlauf für das Geschäft des ESV eine bisher sehr ungewöhnliche Perspektive: die enge Kooperation mit weiteren namhaften Fachverlagen und der juris GmbH in einer sich über die Jahre hinweg formierenden gemeinsamen Allianz. Gründungsmitglieder dieser Allianz sind neben juris und dem ESV die Verlagsgruppe Hüthig Jehle Rehm, Stollfuß Medien, De Gruyter Rechtswissenschaften und der Verlag Dr. Otto Schmidt. Ziel der Allianz ist die Schaffung eines kompletten und integrierten Onlineangebots für den gesamten juristischen Kernmarkt. Verschiedenste Rechtsgebiete, erschlossen durch verlinkte Kommentierungen, Vorschriften und Entscheidungen, sollen den juristischen Zielgruppen auf einer Allianzplattform online zur Verfügung stehen. Gestartet wird in der Dekade mit sogenannten Fachportalen, für die die Partner in der Frühphase der Allianz federführend zuständig sind. Die besondere Verantwortung des ESV liegt dabei inhaltlich auf den Gebieten des Sozial- und Umweltrechts. Die Bedeutung der Verbindung der Gründungsmitglieder in der Allianz kann nicht überschätzt werden – sowohl für die einzelnen Häuser als auch für den gesamten deutschen Rechtsmarkt.

Diese und weitere Aktivitäten sowie die zahlreichen Veränderungen sollen den Erich Schmidt Verlag auch im kommenden Jahrzehnt antreiben.

Dr. Joachim Schmidt

Die Gleichzeitigkeit von Stabilität und Veränderung

Die 2010er-Jahre sind geprägt von zwei zentrifugalen Kräften: die massive Auflösung lang gehegter Gewissheiten und die zunehmende Spaltung der Gesellschaft. Die Kräfte werden gefüttert von der sich zunehmend beschleunigenden digitalen Transformation. Sie wirkt in den Tiefenschichten der Gesellschaft wie eine Gravitationskraft, die jegliche Privatheit auflöst und an sich zieht. Auf diesem Nährboden entfalten singuläre Ereignisse enorme dynamische Entwicklungen. In einer nie zuvor gekannten Geschwindigkeit werden Ereignisse weltweit geteilt: Am Ende der Dekade sind zwei Drittel der Menschheit mit einem Mobiltelefon ausgerüstet und über das Internet in Echtzeit miteinander verbunden. Google, Amazon, Facebook, Apple, Microsoft – diese fünf Unternehmen stehen als BigTech sowohl für die Wucht der digitalen Transformation als auch für eine gewaltige Machtkonzentration.

Das Abklingen der Finanz- und Schuldenkrise beschert Europa die Niedrigzinspolitik der Europäischen Zentralbank, die zu Negativzinsen auf Einlagen und niedrigsten Kreditzinsen führt. Die Auswirkungen sind gravierend: billige Entschuldung der Staatsfinanzen, Abstrafung von Guthaben, Auslösung eines enormen Immobilienbooms durch subventionierte Verschuldung. Der Zins als Risikoindikator verliert seine Steuerungsfunktion.

Die Politik ist geprägt von hektischen Entscheidungen. Der Wunsch nach Machterhalt, die Energiewende vor dem Hintergrund der Reaktorkatastrophe in Fukushima 2011, die Gründung der AfD 2013, die Flüchtlings- und Migrationskrise 2015 ausgelöst durch den Krieg in Syrien – all das hinterlässt tiefe Spuren in Deutschland. Verstärkt werden diese Entwicklungen durch populistische Politikstile im Ausland. 2016 tritt Großbritannien aus der Europäischen Union aus, die USA wählen Donald Trump zu ihrem 45. Präsidenten.

Hinzu kommt ein bisher ungekanntes Ausmaß an Regulierungen der europäischen und bundesdeutschen Gesetzgebung: Bankenregulierung, Regulierung der Energiewirtschaft, Datenschutzgrundverordnung sind nur die allergrößten Schlaglichter der enormen Gesetzesflut. Auch die Rechtsprechung sorgt für einschneidende Veränderungen. Für die Verlage und damit auch für den ESV sind insbesondere die Entwicklungen um das Urheberrecht von besonderem Belang. In der Dekade wird die Stellung der Rechteinhaber und damit auch die der Verlage empfindlich geschwächt. Mit dem 2018 in Kraft tretenden

Urheberrechts-Wissensgesellschafts-Gesetz (UrhWissG) verlieren die Rechteinhaber viele für sie wichtige Rechte. Das Gesetz kommt einer Teilenteignung gleich. Laut Gesetz dürfen Werke mit 15 % ihres Inhalts für Unterricht, Lehre und Forschung sowie für andere bildungsbezogene Institutionen frei zugänglich gemacht werden. Bei Zeitschriften sind es 100 %. Eine Ausnahme gilt allein für Schulbücher. Für die eigene wissenschaftliche Forschung wird es gestattet, bis zu 75 % eines Werkes zu vervielfältigen. Zu alledem ist es den Herstellern von Unterrichts- und Lehrmedien erlaubt, bis zu 10 % eines Werkes zu vervielfältigen, zu verbreiten und öffentlich zugänglich zu machen. Bibliotheken dürfen bis zu 10 % eines Werkes pro Sitzung an einem Leseplatz frei verfügbar und auch per Download erhältlich machen. Ebenso dürfen Bibliotheken bis zu 10 % eines Werkes sowie einzelne Beiträge, die in Zeitungen und Zeitschriften erschienen sind, an Nutzer für nicht kommerzielle Zwecke übermitteln. Es ist offensichtlich, dass derartige Beschneidungen der Rechte massive Auswirkungen auf das Geschäftsmodell der Fachinformations- und Wissenschaftsverlage haben.

Doch damit nicht genug: Bereits zwei Jahre zuvor, im Jahr 2016, verlieren die Verlage mit einer BGH-Entscheidung ihre seit Jahrzehnten sichere Beteilung an den Erlösen der VG WORT. Der BGH stützt sich auf eine Entscheidung des EuGH Ende 2015. Im Sinne der Urheberrechtsrichtlinie 29/2001/EG sind Verleger keine Rechteinhaber, so der EuGH. Die Auswirkungen der Entscheidung sind dramatisch. Nur der Solidarität vieler Autorinnen und Autoren mit ihrer freiwilligen Zustimmung zur Verlegerbeteiligung ist es zu verdanken, dass die Folgen für die Verlage nicht noch gravierender ausfallen. Und klar ist auch: Es wird ein langer Weg, wenn Verlage wieder eine Beteiligung an Erlösen der VG WORT erhalten sollen. Der Weg wird über Europa nach Deutschland gehen.

Sinnbild der regulatorischen Gesetzesflut: Die Datenschutzgrundverordnung

Für den ESV führt die fragile Lage dazu, dass der Verlag den Spagat zwischen Stabilität und Veränderung in einer selten großen Intensität zu bewältigen hat. Der ESV reagiert auf vielfältige Weise: Ein wichtiger Strang ist die kontinuierliche Arbeit an der technologischen Basis. Das Contentmanagement und die Herstellung werden konsequent an der Erzeugung medienneutraler Daten ausgerichtet. Medienneutrale Daten stehen ab sofort im Zentrum der Produktion. Auch die IT-DNA des Hauses steht vor massiven Umwälzungen: Es wird die Arbeit für ein neues ERP-System des Verlages aufgenommen. 2013 wird mit der knk Business Software AG der Projektvertrag für ein verlagsweites ERP-System für den ESV geschlossen und mit den Arbeiten begonnen. Es wird ein langer Weg. Ziel ist es, die über Jahrzehnte gewachsene Systemlandschaft des ESV in ein durchgängiges ERP-System zu überführen. Die Implementierung der ERP-Software knkVerlag ist aufwendig. Sie fordert spürbar Anpassungen und Ressourcen ein. Erste Module werden gelauncht: Buchhaltung, Honorarabrechnung.

ESV ERICH SCHMIDT VERLAG

ESV DIGITAL **ESV CAMPUS**

Die Verlagsdachmarke mit Bereichsmarken

Der ESV verankert die rasante digitale Transformation als treibende Kraft in seiner Geschäftsfeldentwicklung. Als sichtbares Symbol dieser grundlegenden Veränderung erschafft der ESV mit der visuellen Überarbeitung seines Logos eine Dachmarke, die als Plattform für die weitere Markenentwicklung dient. Der digitale Geschäftsbereich des Verlages erscheint mithin ab 2017 unter der Marke „ESV-Digital". Das elektronische Hochschulangebot wird ab 2019 unter der Marke „ESV-Campus" gebündelt. Die größte Wucht aber entfaltet die digitale Transformation der Geschäftsfelder im Rahmen des Angebots der sich formierenden „jurisAllianz", die der ESV mit der juris GmbH und anderen Verlagen in der vorherigen Dekade in ihren Fundamenten miterschaffen hat. juris, der ESV sowie die weiteren Gründungsmitglieder der Allianz, die Verlagsgruppe Hüthig Jehle Rehm, Stollfuß Medien, De Gruyter Rechtswissenschaften und der Verlag Dr. Otto Schmidt, gründen im Jahr 2011 nun offiziell und vertraglich besiegelt gemeinsam die jurisAllianz. Die Ausrichtung an Fachportalen mit Federführung durch ein Verlagshaus wird aufgegeben. Fortan wird ein integriertes Datenbankgebot in den Bereichen Recht und Steuern vorangetrieben. Der entscheidende Marktdurchbruch gelingt: Die Inhalte der ESV-Verlagsbereiche Recht und Steuern werden über die jurisAllianz in hohem Maße digital genutzt.

Der Spagat zwischen Stabilität und Veränderung bedeutet auch die konsequente Fortentwicklung des Verlagsprogramms. Grundlegend werden die bestehenden vier Verlagsbereiche im Jahr 2012 um den ab dann fünften Verlagsbereich Arbeitsschutz erweitert. Verlagsleiter wird Jörg Engelbrecht. Dabei werden einige Inhalte des Verlagsbereichs Recht in den neu geschaffenen Verlagsbereich Arbeitsschutz transformiert. Von dieser Basis aus entwickelt der Verlagsbereich sein eigenes Profil. Wichtige bestehende Fachzeitschriften werden neu aufgesetzt und konsequent am Arbeitsschutz ausgerichtet. Aus der ursprünglichen Zeitschrift „die BG" wird über die „Zeitschrift für betriebliche Prävention und Unfallversicherung (BPUVZ)" später prägnant die Zeitschrift „Betriebliche Prävention". Aus der Zeitschrift „sicher ist sicher – Arbeitsschutz aktuell" wird präzise profiliert die Zeitschrift „sicher ist sicher". Wichtige Neuerscheinungen werden auf den Weg gebracht, z. B. das Werk „Gefährdungsbeurteilung psychischer Belastung", herausgeben von der Bundesanstalt für Arbeitsschutz und Arbeitsmedizin (BAuA). Ab dem Jahr 2012 erscheint die Datenbank „ARBEITSSCHUTZdigital".

In bisherigen Verlagsbereichen wird die Programmentwicklung ebenfalls mit Kraft vorangetrieben – immer eng an der gesellschaftlichen und insbesondere rechtlichen Entwicklung ausgerichtet. So reagiert der ESV auf die zusehends starke Stellung, die das Thema

Datenschutz in der Europäischen Union und Bundesrepublik Deutschland einnimmt: 2013 wird die Zeitschrift „PinG Privacy in Germany" begründet. Bereits ein Jahr zuvor hat der Verlag die Zeitschrift „ER Energierecht" als Antwort auf die sich verstärkende Bedeutung des Energiewirtschafts- und Energieumweltrechts eröffnet. Aber auch „Evergreens" benötigen neue Antworten: So wird 2012 das Großwerk Fürst „Gesamtkommentar Öffentliches Dienstrecht" in all seinen Teilen und gesamthaft als Datenbank platziert. Aktiv treibt der Verlag auch Übernahmen von eingeführten Titeln voran: Noch im Jahr 2010 übernimmt der ESV die Zeitschrift „Wege zur Sozialversicherung (WzS)" vom Asgard-Verlag Dr. Werner Hippe GmbH. Ab 2015 erscheint im 56. Jahrgang die Zeitschrift „rv Die Rentenversicherung" als Organ des Bundesverbandes der Rentenberater e.V. im ESV. Ebenso erscheint im ESV ab 2015 im 18. Jahrgang die Zeitschrift „Stiftung&Sponsoring", herausgegeben vom DSZ – Deutsches Stiftungszentrum GmbH und dem Institut für Stiftungsberatung Dr. Mecking & Weger GmbH. Flankierend zur „Stiftung&Sponsoring" wird im Jahr 2017 der „StiftungsManager" vom Verlag Dashöfer übernommen. Gleichlautend verhält es sich bei zwei hoch angesehenen Zeitschriften im philologischen Bereich: Seit 2014 erscheint die Zeitschrift „Fremdsprache Deutsch" mit dem 24. Jahrgang im ESV. Ebenso ab 2014 wird die Zeitschrift „Deutsch als Fremdsprache" bereits

Die Datenbank Fürst Gesamtkommentar Öffentliches Dienstrecht

Die Zeitschrift Stiftung&Sponsoring

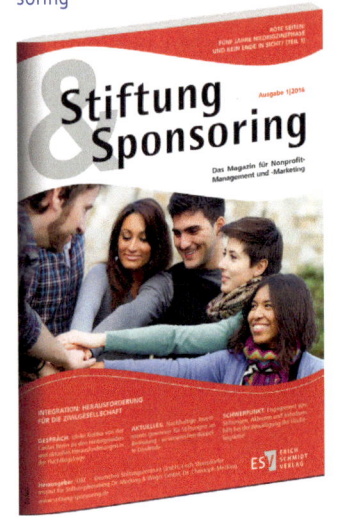

Eine kraftvolle Programmerweiterung

im 51. Jahrgang fortgeführt, die bis dato beim Langenscheidt-Verlag, danach im Hueber Verlag publiziert wurde. Auch ein „Teil von Berlin" kommt in den ESV: Als Berliner Verlag hat es für den ESV eine besondere Bedeutung, dass das „Berliner Anwaltsblatt" unter der Herausgeberschaft des Berliner Anwaltverein e. V. als berufsständische Zeitschrift für die Anwaltschaft ab dem 66. Jahrgang im Jahr 2017 im ESV erscheint. Alle Publikationen erschließen dem ESV neue Inhalte und neue Zielgruppen. Selbst auf der Ebene der Verlagsakquisitionen ist der ESV erfolgreich. 2017 übernimmt der ESV die „Versandbuchhandlung und Fachbibliothek Verlag" von Gertrud Scheld, der Ehefrau des damaligen ESV-Autors Prof. Dr. Guido Scheld. Durch zahlreiche eingeführte Titel stärkt der ESV sein Lehrbuchprogramm im Verlagsbereich Management und Wirtschaft. Ebenso im historischen und wirtschaftlichen Kern des Verlagsprogramms des ESV, dem Sozialrecht, ergibt sich eine gewichtige Veränderung. Sie ist personeller Natur. Das Großwerk Hauck / Noftz „Sozialgesetzbuch" wird mit seinen über 60 000 Druckseiten und gut 3,5 Regalmetern an inhaltlicher Substanz im Jahr 2019 in neue Herausgeberhände gegeben. Mehr als zwanzig Jahre hat Herr Professor Dr. Wolfgang Noftz die Herausgeberschaft des von Dr. Karl Hauck begründeten Gesamtwerkes inne. Nun ist es so weit: Frau Professor Dr. Dagmar Oppermann führt den hoch angesehenen SGB-Großkommentar als Gesamtherausgeberin weiter. Auch im programmatisch wichtigen Bereich des Öffentlichen Dienstrechts manifestiert sich die Gleichzeitigkeit von Stabilität und Veränderung bei der Werkbetreuung: Nach mehr als zwei Jahrzehnten übergibt Professor Frank Bieler Ende 2019 die Schriftleitung der Zeitschrift „Die Personalvertretung" an Professor Timo Hebeler.

Die Zeitschrift Berliner Anwaltsblatt

Ebenso bewegt sich auch die Organisation des ESV in dieser Dekade verstärkt zwischen Stabilität und Veränderung. Gravierende organisatorische Veränderungen gibt es zum einen im Jahr 2011 für die Abteilungen Herstellung und ESV-Digital. Die Abteilungstätigkeiten werden stärker miteinander verknüpft und aufeinander abgestimmt. Ein neuer Zentralbereich entsteht: Contentmanagement und elektronisches Publi-

Der Hauck / Noftz – unter neuer Regie

zieren. Bereichsleiter ist Michael Müller. Der Verantwortungsbereich integriert fortan die Herstellungsabteilung, das Contentmanagement einschließlich XML-Produktion, die ESV-Digital-Programmierung sowie das ESV-Digital-Produktmanagement. Organisatorisch einschneidend sind zum anderen auch die Veränderungen in den Zentralbereichen Vertrieb und Unternehmenskommunikation. Ab 2012 werden die Kompetenzen in beiden Zentralbereichen unter einem Dach gebündelt. Das Ziel ist, auf die sich stark verändernden Marktanforderungen und Kundenbedürfnisse zu reagieren. Dies führt zur Gründung einer bisher nicht vorhandenen Zentralstelle für Vertrieb und Marketing. Bereichsleiterin ist Sibylle Böhler. Und obendrein „geografisch" tut sich im ESV einiges: Gleich zu Beginn des Jahrzehnts zieht die ESV-Anzeigenabteilung nach vielen Jahrzehnten von Berlin nach München. Die neuen digitalen Produktionsabläufe machen es möglich. Die Ortsgebundenheit nahe der BG BAU zur Betreuung der Zeitschrift „BauPortal" ist dank der neuen technischen Möglichkeiten kein Argument mehr.

Auch personell ergibt sich in der Dekade auf der Ebene der Verlagsleitung eine bedeutende Veränderung, die letztendlich über Verlagsleitungstätigkeiten hinausreicht: Die Verlagsleiterin Steuern, Frau Dr. Claudia Teuchert-Pankatz, geht nach über 30 Jahren engagierter Tätigkeit für den ESV in den Ruhestand. Auf ihrer Position folgt 2018 Dr. Stefan Lorenz nach, der zugleich mit der Verlagsleitung Steuern die neue Stellung des General Counsel für den Verlag übernimmt. Letzteres ist sowohl eine Reaktion auf die immer stärkere rechtliche Regulierung der unternehmerischen Betätigung des Verlages als auch auf die zunehmende Verrechtlichung der geschäftlichen Beziehungen. Der eigene schnelle Rechtsrat im Hause wird ein wichtiger Garant der Betriebsführung.

Die Gleichzeitigkeit von Stabilität und Veränderung meistert der ESV überdies in einem Bereich, der grundsätzlich als „immobil" gilt: 2012 gelingt es, das Grundstück und Haus Genthiner Straße 30 C zu erwerben. Damit zieht viel Neues in den ESV ein. Der Altbau weicht, der 2018 fertiggestellte Neubau schafft neue Flächen – ca. 1300 qm sind es insgesamt. Sie eröffnen dem ESV eine besonders innovative eigene Perspektive: Der Neubau beherbergt einen hochmodernen Veranstaltungsbereich mit exzellenter Veranstaltungstechnik, eigener Lounge und großer Dachterrasse. All das erschließt dem ESV ein neues Geschäftsfeld: die ESV-Akademie. Gegründet 2017 bietet die ESV-Akademie Fachinformationen live an. Das vielfältige Programm umfasst Konferenzen, Tagungen, Seminare und Lehrgänge. Ob als Präsenz-, Di-

Haus Genthiner Straße 30 C mit der ESV-Akademie

gitalveranstaltung oder auch hybrid: Die ESV-Akademie ist fortan die Live-Plattform für qualitativ hochwertige Fachinformationen aus dem ESV. Als Host stellt die ESV-Akademie ihre attraktiven Räume kompetenten Partnern für Veranstaltungen zur Verfügung. Das Programm der ESV-Akademie wird mit viel Enthusiasmus beständig fortentwickelt. Zudem bietet das junge Geschäftsfeld eine einmalige Chance in Richtung IT-DNA: Konsequent und ohne Umwege wird die ESV-Akademie an die ERP-Software knkVerlag angebunden.

Und ein weiteres Geschäftsfeld entsteht: Aus dem wissenschaftlichen Verlagsprogramm der Philologie heraus etabliert der ESV im Jahr 2019 sein Open-Access-Angebot unter dem Label „ESV-Open". Mit Open Access leistet der ESV einen zentralen Beitrag zur Open Science. Freier Zugang, schnellere Veröffentlichung, bessere Sichtbarkeit und größere Verbreitung der Inhalte sind die treibenden Schlagworte der Open-Access-Bewegung. Auch hier setzt der ESV konsequent auf Qualität: Sämtliche Manuskripte werden vor Veröffentlichung in einem unabhängigen Peer-Review-Verfahren begutachtet. Open-Access-Publikationen erscheinen im ESV auf der Basis von Creative-Commons-Lizenzen parallel bzw. nachträglich zum gedruckten Werk oder als reine Open-Access-Ausgabe. Mit der Publikationsform Open Access stärkt der

Freie Wissenschaft: ESV-Open

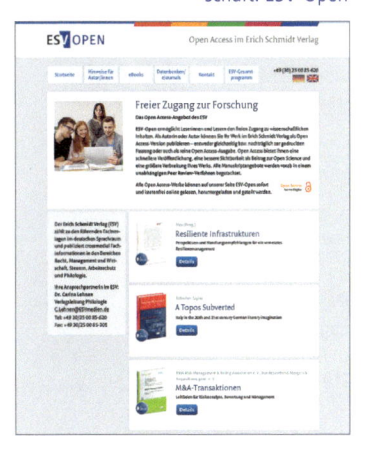

ESV seine Stellung als attraktiver Partner auf dem Gebiet der Wissenschaftspublikationen und partizipiert an Publikationsgebühren. Der ESV wird Mitglied des Directory of Open Access Books (DOAB), Kooperationspartner von Knowledge Unlatched (KU) und Mitglied von Crossref. Der Verlag unterstützt die Autorinnen und Autoren bezüglich der Fördermöglichkeiten zur Finanzierung der Gebühren der Open-Access-Publikationen. Wie die ESV-Akademie wird auch das Geschäftsfeld ESV-Open aktiv vorangetrieben.

Und als hätten die 2010er-Jahre nicht genügend Herausforderungen mit sich gebracht, so endet die Dekade mit einer massiven Herausforderung für die gesamte Menschheit: Im November 2019 macht sich von der chinesischen Stadt Wuhan ein unscheinbares Virus auf den Weg, den Globus zu erobern ...

Verlässliche Konstanz in einer Welt multipler Krisen

Die sind auf dem Weg, ein ihnen eigenständiges Muster hervorzubringen: das Paradigma multipler Krisen. Obwohl Krisen seit jeher auf das Engste mit der menschlichen Zivilisation verbunden sind, so entfalten die Dilemmata in dieser Dekade eine völlig eigene Gestalt: die Gestalt von Gleichzeitigkeit, Übergangslosigkeit und Interdependenz. Die Folgen sind dramatisch. Sprunghaft steigen Anzahl und Intensität der Krisen, die Vielfalt ihrer Perspektiven und der Zeitdruck, der auf ihrer Bewältigung lastet. Das Virus aus Wuhan ist (nur) der Weckruf einer Ära, die sich aufmacht, Krise als das neue Normal zu betrachten.

Bereits der Dekadenwechsel gibt den Weg schonungslos vor. Empathielos greift das Coronavirus zu. Der Erreger SARS-CoV-2 löst zuerst Ende 2019 in Asien und schließlich weltweit die bis dahin unbekannte Atemwegserkrankung COVID-19 aus. Global herrscht Pandemie. Deutschland wird von ihr Ende Januar 2020 erfasst. Die Lage verschärft sich schnell. Am 25. März 2020 stellt der Deutsche Bundestag eine epidemische Lage von nationaler Tragweite fest. Drei lange Jahre wird es dauern, bis die Pandemie in Deutschland durch eine offizielle Erklärung des Bundesgesundheitsministers im April 2023 beendet ist.

Der Erreger wird über Tröpfchen und Aerosole übertragen. Häufige Symptome sind Husten, Fieber, Schnupfen und Störungen des Geruchs- und/oder Geschmacksinns. Ältere und gesundheitlich vorbelastete Menschen sind enormen Risiken ausgesetzt, entweder ausgesprochen stark zu erkranken oder zu versterben. Sie alle zählen zu den Risikogruppen. Die Überlastung des Gesundheitssystems droht. Das Gespenst der Übersterblichkeit macht die Runde.

SARS-CoV-2 – ein Virus belagert die Welt

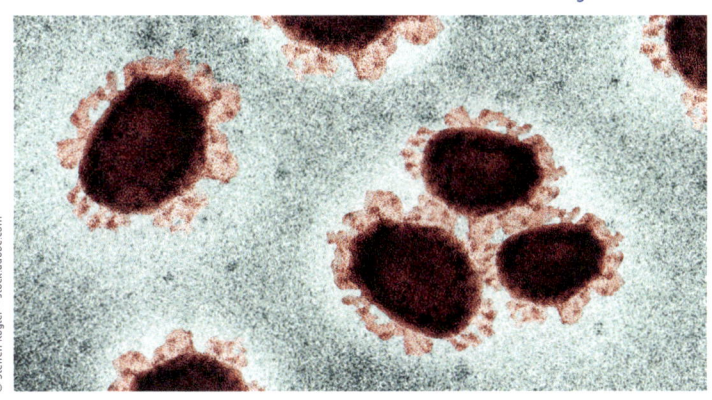

Weltweit greift die Politik zu drastischen Schutzmaßnahmen. In Deutschland ist das nicht anders. Insgesamt vier Coronawellen treffen das Land. Zwei Lockdowns des gesellschaftlichen Lebens sind die dramatischen Höhepunkte im Kampf gegen das Virus: Der erste dauert sieben Wochen bis Anfang Mai 2020, der zweite endet nach fast sechs schier endlosen Monaten im Mai 2021. Zahlreiche Einrichtungen müssen schließen, Besuche von Restaurants, Bars, Lokalen sind verboten, Veranstaltungen werden abgesagt, Privatveranstaltungen untersagt. Kontaktverbote bis hin zu Ausgangssperren werden ausgesprochen, Mindestabstände zwischen Personen verordnet, Quarantäneregeln aufgestellt. Reisen ist, wenn überhaupt, nur drastisch eingeschränkt möglich. Ab Ende April 2020 gilt eine generelle Maskenpflicht in Geschäften, im Nahverkehr und etwas später ebenfalls in geschlossenen Räumen, weiter verschärft ab Mitte Januar 2021 durch die FFP2- bzw. OP-Maskenpflicht.

Mit Hochdruck wird weltweit an Impfstoffen gegen das Virus geforscht. Auf ihnen beruht jede Form von Hoffnung. Ihren Protagonisten versprechen sie hohe Gewinne. Zehn Monate vergehen, dann gibt es einen ersten wirksamen Impfstoff – einen mRNA-Impfstoff von BioNTech. Weitere folgen. In Deutschland werden neben dem Vakzin von BioNTech Impfstoffe von Pfizer und Moderna zugelassen.

Die Kollateralschäden der Corona-Schutzmaßnahmen sind fatal – psychologisch, sozial und ökonomisch. Für die menschliche Psyche hart ist die Isolation. Monotonie, Bewegungsmangel und ständige Vorsichtsmaßnahmen tun ihr Übriges. Die Pandemie und die sie bekämpfenden Maßnahmen lösen eine weltweite Wirtschaftskrise aus. In Deutschland stürzt 2020 das Bruttoinlandsprodukt um 5 % im Vergleich zum Vorjahreswert ab. Ähnliches gibt es seit dem Beginn der Aufzeichnungen nicht. Über 300 000 Betriebe sind 2020 in Kurzarbeit. Drei Millionen Beschäftigte sind davon betroffen. Existenzängste greifen flächendeckend um sich. Weltweit kollabieren die Aktienbörsen. Tiefe Gräben tun sich auf zwischen Impfbefürwortern und Impfgegnern. Die Kluft zwischen den Menschen reicht bis zur Leugnung von Corona.

Und der ESV? Der ESV ist zwangsläufig Teil des Ganzen. Am 13. März 2020 trifft der erste Corona-Fall den Verlag, importiert aus den Ferien. Das Ereignis kommt zur Unzeit. Die Gesundheitsbehörden reagieren zu der Zeit auf derartige Meldungen sehr empfindlich – oftmals sogar mit kurzfristig verhängten Betriebsschließungen. Das bleibt aus, der ESV hat Glück. Sofort werden im Hause umfangreiche Schutzmaßnahmen ergriffen. Dank des tatkräftigen Einsatzes der EDV hält das mobile Arbeiten via Fernzugriff auf die IT-Systeme Einzug in den Verlag. Konsequent wird die Arbeitswelt im ESV unter das Regime eines Hygieneplans gestellt. Fortan gelten im Betrieb strenge Regelungen zu Maskenpflicht, Mindestabstand, Hygiene. Der flächendeckende Einsatz von Mobilarbeit reduziert spürbar die persönlichen Kontakte. Unter 50 % beträgt die durchschnittliche Anwesenheitsquote im Betrieb. Risikogruppen werden besonders geschützt. Das Haus stellt eine Unmenge an Schnelltests bereit. Mitarbeiterinnen und Mitarbeiter können sich regelmäßig auf das Virus testen.

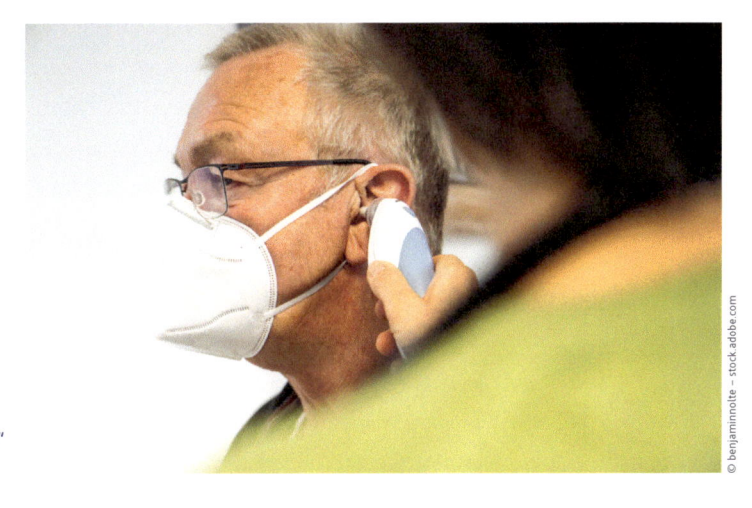

Das wichtigste „Bekleidungsstück" der Pandemie

Für die Betriebsabläufe ist das Virus zuerst ein Schock. Insbesondere die Verlagsbereiche Vertrieb, Marketing und ESV-Akademie sind stark getroffen. Die Kunden des Verlages sind schlicht unerreichbar. Erstmals in seiner Geschichte sichert der Verlag seine wirtschaftliche Basis durch Kurzarbeit in den massiv betroffenen Bereichen. Zwei Monate dauert es – dann erscheint Licht am Horizont. Die Kurzarbeit ist zu Ende. Das Zauberwort im Moment der schärfsten persönlichen Trennungen lautet: digital. Digital reicht weit über Videokonferenzen hinaus. Mit großem Engagement werden vermehrt digitale Angebote geschaffen, digitale Absatzkanäle erschlossen, neue Wege zu den Kunden gesucht und ausprobiert. Die Berufsträger, oftmals fernab ihrer gewohnten Arbeitsstätten, fragen verstärkt digitale Inhalte nach, die ESV-Akademie zieht mit ihren Angeboten ins Web, ESV-Campus spürt die kraftvolle Nachfrage durch die Onlinelehre an den Hochschulen, die Produkte der jurisAllianz werden mit Schwung nachgefragt. Mit hohem Einsatz erstellen Autorinnen und Autoren neue Inhalte. Die Werke leben.

Und selbst die Fachbuchhandlungen, die den Vertrieb der Werke des ESV an viele Kundengruppen aus einer Hand vornehmen, funktionie-

Das Virus-Regiment im ESV

> **Inhaltsverzeichnis**
> 1. Maßnahmen zur Vermeidung einer Ansteckung 3
> 1.1 Zutritt zum Verlagsgebäude 3
> 1.2 Maskenpflicht 3
> 1.3 Mindestabstand 3
> 1.4 Gründliche Handhygiene 4
> 1.5 Husten- und Niesetikette 4
> 1.6 Regelmäßiges Lüften 4
> 1.7 Weitere Maßnahmen zur Vermeidung einer Ansteckung 4
> 1.8 Besprechungen 4
> 1.9 Hygiene im Sanitärbereich 5
> 1.10 Reinigung 5
> 1.11 Dienstreisen und Treffen mit Externen 5
> 2. Regelungen zum Mobilen Arbeiten während der Corona-Pandemie 6
> 2.1 Risikogruppen 7

ren: Auch wenn die Einstufung „systemrelevante Ware zu liefern" seitens der verantwortlichen Bundesländer nur für Berlin und Brandenburg erfolgt, dürfen die Buchhandlungen Fachmedien abholen oder liefern. Und auch sie forcieren den Vertrieb digitaler Fachinhalte, damit Kunden weiterhin Zugriff auf ihre Arbeitsmittel haben.

Drei Jahre wird im ESV unter den Bedingungen des Hygieneplans gearbeitet. Der Plan wird in der Zeit nahezu zweidutzendfach fortgeschrieben und angepasst. Am 27. Februar 2023 ist es endlich so weit: Der Hygieneplan wird beendet. Er hat hervorragend funktioniert. In der gesamten langen Zeit gibt es keine einzige nachgewiesene Corona-Ansteckung innerhalb des Betriebes. Die Arbeitswelt im ESV kehrt endlich zurück zur Normalität. Dennoch ist vieles geblieben, was Corona gebracht hat: der sprunghaft gestiegene Umsatzanteil der Digitalprodukte, Videokonferenzen, die virtuellen Veranstaltungen der ESV-Akademie und die weitere Flexibilisierung der Arbeitswelt durch Mobilarbeit.

Wenn auch SARS-CoV-2 und COVID-19 die allergrößten Spuren im kollektiven Gedächtnis der Welt hinterlassen, so können diese Ereignisse nicht darüber hinwegtäuschen, dass die Welt auch ohne Corona in großer Unruhe ist. Dabei klingt es fast schon wie eine Randnotiz, dass bei der Wahl zum Deutschen Bundestag 2021 mit dem Ende der schwarz-roten Koalition aus CDU/CSU und SPD nach 16 langen Jahren die Ära der Bundeskanzlerin Angela Merkel zu Ende geht. An ihre Stelle tritt Bundeskanzler Olaf Scholz, dessen SPD mit den Grünen und der FDP die neue Bundesregierung bildet, die Ampel-Koalition.

Das nächste Schicksalsereignis lässt nach der Geburt der Koalition nicht lange auf sich warten: Am 24. Februar 2022 überfällt Russland die Ukraine. Bis zuletzt rechnet der Westen erstaunlicherweise nicht damit. Anlass dafür gibt es nach russischem Duktus aus gutem Grund: Die schrittweise NATO-Osterweiterung seit 1997 hat russische Sicherheitsinteressen scharf missachtet – so die Sichtweise des Kremls. Dabei hat Moskau bereits 2014 in der Ukraine mit der Besetzung und Annexion der Krim, dem Völkerrecht entgegen, unbarmherzig zugegriffen. Jetzt im zweiten Gang geht es um noch mehr. Zwar gelingt Russland nicht die Eroberung Kiews und der Sturz der Regierung zu Beginn des Krieges. Der ukrainische Widerstand und dessen Unterstützung mittels militärischer Hilfe und wirtschaftlicher Sanktionen durch zahlreiche westliche Staaten vereiteln die Ziele Moskaus wirkungsvoll. Dennoch pflanzt sich der Krieg im Ostteil des Landes unerbittlich fort. Der Ausgang ist ungewiss. 2024 scheint es, als bröckele die Entschlossenheit der Verbündeten, die Ukraine weiterhin konsequent in ihrem Kampf zu unterstützen.

Die Krisen Pandemie und Ukraine werden schnell zu den Basiskomponenten eines gefährlichen Cocktails. Hohe Geldmengen, Lieferengpässe, Sanktionen gegen Russland und die gesamtwirtschaftliche Erholung nach der Pandemie entfesseln die Inflation. Maßnahmen der Energiewende der Regierungskoalition befeuern die Entwicklung nur noch. Sprunghaft steigt die Inflation ab der zweiten Jahreshälfte 2021. Bis auf über plus 10 % geht es hoch im Herbst 2022. Auf allen lastet ein enormer Kostendruck, ebenfalls auf dem ESV. Tief verwurzelt im Abonnementgeschäft ist die Anpassung für den Verlag an sprunghaft geänderte Teuerungsraten besonders schwierig. Und mit der Inflation zieht eine fast vergessene Größe massiv an: der Zins. Die Notenbanken versuchen, mit dem Zins entschlossen gegen die spürbare Inflation vorzugehen – so auch in Europa, so auch in Deutschland. Wie die Inflation dreht der Zins in kürzester Zeit auf. Viele Märkte sind nur wenig darauf vorbereitet. Nur gut, dass der ESV keine Zinslast zu bedienen hat. Ihr Ziel haben die Notenbanken fest im Blick: Plus 2 % ist die Zielgröße, dort muss die Inflation hin. Die Maßnahmen zeigen Wirkung. Das Ziel rückt in Sicht. Doch für Entwarnung ist es noch zu früh.

Inflation: Mehr Geld für das Gleiche

Und die Unruhe in der Welt steigt unaufhaltsam weiter. Am 7. Oktober 2023 kommt es vom Gazastreifen aus zu einem Terrorangriff der hauptsächlich von Katar und Iran unterstützten radikalislamistischen

Hamas auf Israel. Deren Kämpfer verüben ein Massaker an der israelischen Zivilbevölkerung. Auf israelischer Seite sterben über 1 100 Menschen, 240 werden nach Gaza verschleppt. Auch Monate später befinden sich noch immer mehr als 100 Geiseln in der Hand der Hamas. Für die Hamas wird der Angriff zum Bumerang, er ist ein kollektives Selbstmordkommando. Denn die israelische Regierung reagiert entschlossen und hart. Bereits Ende Oktober 2023 beginnt die israelische Bodenoffensive im Gazastreifen. Das Ziel: Die Hamas für immer vernichten. Die Leittragenden des Konflikts sind wie immer die, die nichts dafür können: die Zivilbevölkerung. So ruft die Härte der israelischen Operation zahlreiche Kritiker auf den Plan. Und der Konflikt droht sich auszuweiten. Die Huthi-Miliz aus dem Jemen attackiert seit Oktober 2023 immer wieder Schiffe, die mit Israel in Verbindung stehen, im Roten Meer. Der Konflikt dehnt sich dadurch in einen der wichtigsten Seehandelswege der Welt aus. Die USA, Großbritannien und die EU sind involviert, um Einhalt zu gebieten. Wie bereits in der Corona-Pandemie werden die weltweiten Lieferketten gestört.

Auch innenpolitisch ist die Lage in Deutschland zusehends fragil. Niemals in der Geschichte der Bundesrepublik hat es dermaßen viel Kritik an einer Bundesregierung gegeben wie an der Ampel: der Koalition von SPD, Grünen und FDP. Bundeshaushalt, Klimawandel, Heizungsgesetz, Steuern, Bauernproteste, Klimakleber, unkontrollierte Zuwanderung, Bürgergeld, Sozialleistungsmissbrauch, E-Autoförderung, Atomkraft, Wirtschaftspolitik, Sicherheitspolitik und ein scheinbar nicht sichtbarer Bundeskanzler – all das sind nur lose aneinandergereihte Schlagworte, bei denen die Bundesregierung in den Augen eines nennenswerten Teils der Bevölkerung keine gute Figur macht. Und außenpolitisch bewegt man sich oftmals auf dünnem Eis. Der Vertrauensverlust der Bevölkerung in die Regierungsparteien ist enorm. Vor allem die politischen Ränder bedanken sich. Für sie steht die Ampel auf Grün. Spürbar ist der Zulauf. Das Land spaltet sich politisch. Die Mitte erodiert. Staat und Bürger entfremden sich in weiten Teilen in einem ungekannten Ausmaß. Zwei neue Parteien werden 2024 gegründet: die stark konservative Werteunion und das linke Bündnis Sarah Wagenknecht. Deutschland wird immer mehr eine Vielparteienlandschaft. Und die Lage verdüstert sich: Unter den 20 größten Industrie- und Schwellenländern wird Deutschland laut OECD-Prognose beim Wirtschaftswachstum zum Pflegefall. Die Quittung erteilen die Wählerinnen und Wähler: Sie strafen die Ampel bei der Wahl zum Europäischen Parlament im Juni 2024 mit aller Härte ab.

Mehr Schatten als Licht sendet die Politik auch unabhängig der allgemeinen Lage bereits mit Beginn der Dekade auf direktem Wege an die Verlage und daher ebenfalls an den ESV. Hauptstoßrichtungen sind das Urheberrecht und die Verwertungsgesellschaften. So setzt Deutschland 2021 mit der Verabschiedung des Gesetzes zur Anpassung des Urheberrechts an die Erfordernisse des digitalen Binnenmarktes Urheberrechtsreformen auf Basis der EU-Richtlinie zum Urheberrecht im digitalen Binnenmarkt um. Am 7. Juni 2021 tritt das Gesetz in Kraft. Es ist *die* große Urheberrechtsreform der letzten Jahrzehnte. Für Verlage ist das Gesetz äußerst ambivalent. Mit dem Gesetz wird zum einen die Beteiligung der Verlage an den Erlösen der Verwertungsgesellschaften gesetzlich geregelt und ab der zweiten Jahreshälfte 2022 endlich wieder möglich. Dabei leistet sich der Gesetzgeber jedoch einen Eingriff in das Autonomiesystem der Verwertungsgesellschaften und legt Mindestquoten der Verteilung des Vergütungsaufkommens fest. Zum anderen erfolgt durch das Gesetz und ohne die ursprünglich vorgesehene Evaluierung die vorzeitige Entfristung des Urheberrechts-Wissensgesellschafts-Gesetzes von 2018. Das Gesetz hat nun das volle Potenzial, das Geschäftsmodell – vor allem der Wissenschafts- und Fachverlage – durch Enteignung langfristig zu beschädigen. Mit der vorzeitigen Entfristung ohne Evaluierung wird für Bildungsinstitutionen Investitionssicherheit zur Umsetzung der urheberrechtlichen Schranken geschaffen. Der ESV spürt die Auswirkungen schnell: Im Kontext des Gesetzes ergibt sich insbesondere beim Lehrbuchgeschäft ein deutlicher Rückgang. Das Risiko besteht, dass sich der Rückgang beschleunigt und zudem auf andere Werkarten überspringt.

Nahezu stoisch agiert entgegen der allgemeinen unruhigen Lage der ESV. Die Agenda des Verlages hat gleich mehrere Felder: Plattformangebote, die Umstellung auf „online first", neue Wege im Kundendialog, Programmausbau, Prozessintegration. Alle die Felder werden im Verbund bearbeitet, nur im Verbund entfaltet sich Wirkung.

2020 wird „ESV-Digital – Die Contentplattform" gestartet. Mehre Jahre Entwicklungszeit mit der SHI GmbH in Augsburg für den Launch sind vorüber. Der Betrieb der Plattform bedarf erheblicher Vorbereitungen: Datenstruktur, Datenqualität, Datenverknüpfung, inhaltliche Anreicherung, Suchfunktion, Trefferanzeige, Zitation, Quellenauszeichnung, Quellennachweise, Lizenzmodelle, Kundenansprache, Oberfläche, Abrechnung, Honorierung – all das muss fundiert sein, um den Schritt nach draußen zu wagen. Die ersten Produktangebote in Form von Datenbanken werden platziert. Das Ziel: Berufsträger in ihrer Arbeitsumgebung.

Logo ESV-Digital – Die Contentplattform

Darauf abgestimmt werden die Produkte zugeschnitten: flexible Formate und Responsive Design. Noch im Jahr 2020 erscheinen die Datenbanken „ESV-Digital StiftungsWissen", „ESV-Digital Arbeitssicherheit" und „ESV-Digital Hartmann / Metzenmacher Umsatzsteuergesetz". Der Schwerpunkt auf ESV-Digital – Die Contentplattform liegt mit dem Start auf der Neuproduktentwicklung. Die Migration der Bestandprodukte für Berufsträger wird folgen.

Der Digitalkatalysator Corona-Pandemie treibt nicht allein die Welt der Berufsträger in ihrer Arbeitsumgebung an. Die befeuerte Online-Lehre und Online-Forschung an den Hochschulen beschleunigen neue Angebote zu eBooks, eBook-Paketen, aber auch eJournals auf ESV-Campus. Die Hochschulplattform wird zu einer spürbar festen Größe des ESV-Erfolges. Doch die eigens für das Hochschulangebot vor Jahren geschaffene Plattform genügt den vielfältigen Anforderungen der Bibliotheken nicht mehr. So wird im Jahr 2022 in Zusammenarbeit mit Weitkämper Technology mit den Arbeiten an der ESV-eLibrary auf der Plattformtechnik PubEngine begonnen. Auf ihr wird das Angebot von ESV-Campus in einem eigenen Bereich platziert. Unter dem Slogan „Lesen wie gedruckt" erscheinen zuerst die Hochschulangebote. Weitere im Layout Print erscheinende Inhalte komplettieren das Angebot unter der Marke ESV-eLibrary.

Unauffällig, jedoch bedeutsam, verändert sich die Publikationsstrategie des ESV an einer zentralen Stelle: Die Fachinformationen des Hauses erscheinen nicht mehr im zeitlichen Gleichlauf in Print und

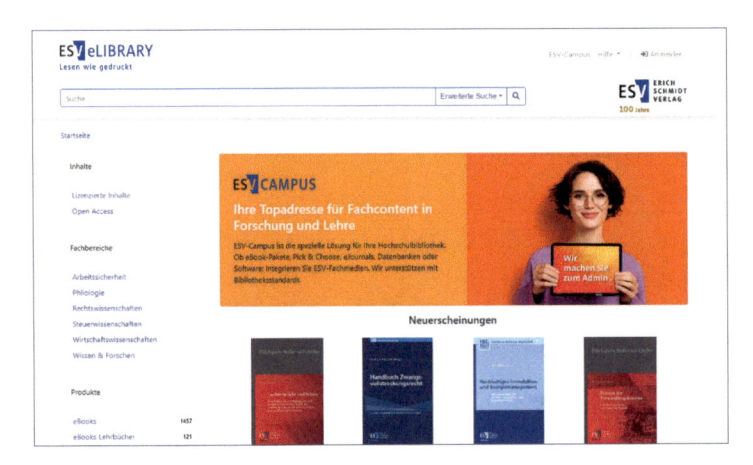

Zum Plattform-Launch ESV-Digital StiftungsWissen

ESV-Campus auf der PubEngine

digital. Die langjährige zeitliche Verkopplung wird aufgegeben. Es beginnt mit eBooks, eJournals und Updates. Online first – sie erblicken vor ihrem gedruckten Zwilling das Licht der Welt. Konsequent führt der Strategieschwenk zu einer neuen Produktart: die ESV-Online-Werke. Ende 2023 erscheint als erstes Werk der ESV-Online-Kommentar Abgabenordnung, herausgegeben von Ralf Sikorski. Die organisatorischen und redaktionellen Vorarbeiten für die ESV-Online-Werke im Verlag sind erheblich. Die fortlaufende Aktualisierung erfordert eine veränderte Zusammenarbeit mit den Verfassern und veränderte Abläufe in gleich mehreren zentralen Bereichen des Verlages. Lektorat, Produkt- und Contentmanagement, Herstellung, Marketing, Vertrieb erfahren Anpassungen in der Aufbau- und Ablauforganisation, entsprechend wandelt sich der Kundendialog.

Strategieschwenk – ESV-OK Abgabenordnung

Innovative Impulse senden auch Bereiche, die ursprünglich eher privater Natur sind: Die sozialen Netzwerke verändern die Welt des Marketings und des Vertriebs in den Fachinformationsverlagen. Denn längst haben die Netzwerke das Private verlassen. LinkedIn, XING, X, Instagram, Facebook, TikTok, YouTube – sie alle werden zu festen Kanälen auch in der Berufswelt. Der ESV baut Präsenzen auf, Postings informieren über Neuigkeiten des Verlages. Es bleibt bei alledem immer dasselbe Ziel: die Kunden dort zu erreichen, wo sie sind. Und die sind nahezu überall. Welche Kraft die Strategie entfaltet, wird sich zeigen. Eher nüchtern wirkende Fachinformationen in emotional aufgeladenen sozialen Netzwerken müssen ihren Weg erst noch flächendeckend finden. Viel direkter wirksam dagegen ist es, wenn starke und konzentrierte Vertriebskanäle erschlossen werden. So gelingt es dem ESV im Jahr 2022, eine enge Kooperation mit SpringerNature zu schließen – seit langem ein zentraler Partner der Hochschulbibliotheken. Nun vermarktet das Haus in Kooperation mit dem ESV flächendeckend die eBooks des Verlages weltweit für Forschung und Lehre.

Im Jahr 2023 ergeben sich zudem wichtige personelle Veränderungen in den Verlagsbereichen Recht und Arbeitsschutz. Dr. Ursula Schweitzer, Verlagsleiterin Recht, tritt nach fast zwei Jahrzehnten engagierter Arbeit für den ESV in den Ruhestand. Ihr folgt Kristina Hornung nach. Und nahezu zeitgleich erfährt der Verlagsbereich Arbeitsschutz einen Leitungswechsel: Jörg Engelbrecht geht ebenfalls in den

Ruhestand – nach gut einem Jahrzehnt voller Tatendrang. Verlagsbereichsleiter wird Sven Clever, der zuvor Jahre erfolgreich das Lektorat Energie- und Umweltrecht innehatte. Mit Sven Clever wird der Verlagsbereich Arbeitsschutz im Jahr 2024 in den Verlagsbereich Betriebssicherheit transformiert, ein bedeutender verlegerischer Schritt für den ESV. Der ESV konzentriert und profiliert mit der Veränderung seine programmatische Verlagstätigkeit, vor allem in Abgrenzung zum Verlagsbereich Recht. Dem Verlagsbereich Betriebssicherheit geht es inhaltlich um die Sicherheit in und von Betrieben sowie Einrichtungen der öffentlichen Verwaltung. Die Verlagsinhalte werden dementsprechend am Schwerpunkt der Normsetzung mit der Zielgruppe der Paralegals in Betrieben und Verwaltung ausgerichtet. Es gilt, Fachkräfte mit tiefergehendem juristischem Basiswissen mit den benötigen Fachinhalten zur Berufsausübung auszustatten. Initial startet der Verlagsbereich Betriebssicherheit mit den Programmbereichen Arbeitsschutz und Arbeitssicherheit, Umwelt- und Klimaschutz sowie Kreislauf- und Ressourcenwirtschaft. Als transformierter Verlagsbereich steht die Betriebssicherheit fortan neben den Verlagsbereichen Recht, Steuern, Management und Wirtschaft sowie der Philologie. Fast zeitlich parallel zu dieser personell-programmatischen Neuausrichtung erfolgt zudem ein personeller Wechsel der Verlagsleitung Steuern und des General Counsels: Christine Marx folgt Dr. Stefan Lorenz nach.

Aus sich heraus wird der Programmausbau mit Kraft vorangetrieben. Zahlreiche Werke erscheinen in hohen Auflagenzählungen – allen voran in 25. Auflage Schulte / Schulz-Basten „Prüfbuch für Pressen". Auch im Lehrbuchprogramm geht es in der Auflagenzählung vielerorts nach oben: Jeweils in 16. Auflage erscheinen Döring / Buchholz „Buchhaltung und Jahresabschluss" sowie Buchholz „Internationale Rechnungslegung". Haberstock / Haberstock „Kostenrechnung I" schafft es in die 15. Auflage, Atteslander / Ulrich / Hadjar „Methoden der empirischen Sozialforschung" ist mit der 14. Auflage verfügbar. Selbst Werke speziellen Zuschnitts erreichen hohe Auflagenzählungen: Jeweils in 11. Auflage

Daran geht kein Weg vorbei: der Döring / Buchholz

Nach wie vor der Standard: der Schönberger / Mehrtens / Valentin

befinden sich sowohl Gehrlein/Graewe/Wittig „Das Recht der Kreditsicherung" als auch Meyer/Goez/Schwamberg „StBVV – Steuerberatervergütungsverordnung". Das Maß auf dem Gebiet der Arbeitsunfälle und Berufskrankheiten, der Schönberger/Mehrtens/Valentin „Arbeitsunfall und Berufskrankheit", erscheint unter dem Wirken von Professor Dr. Gerhard Mehrtens und Professor Dr. Stephan Brandenburg in der 10. Auflage. In 9. Auflage wird Schwarting „Kommunale Steuern" publiziert. Das Standardwerk Bungartz „Handbuch Interne Kontrollsysteme (IKS)" erreicht nach etwas mehr als zehnjährigem Bestehen bereits die 6. Auflage. Und auch grundlegende Neuerungen gibt es. So erscheint beim von Professor Dr. Dagmar Oppermann herausgegebenen Großwerk Hauck/Noftz der Band „SGB XIV – Soziale Entschädigung" sowohl als Loseblattwerk als auch als Datenbank. Zukunftsfähige Themen werden verstärkt besetzt, wie z.B. mit dem Werk Frenz „Handbuch Kreislaufwirtschaft" oder auch Altenschmidt/Helling „LkSG – Lieferkettensorgfaltspflichtengesetz". Das Geschäftsfeld ESV-Open wird weiter ausgebaut. Anlässlich der IDT – Internationale Tagung der Deutschlehrerinnen und Deutschlehrer 2022 erscheinen zeitgleich fünf eBooks Open Access. Zahlreiche Datenbanken werden auf den Weg gebracht. So erscheinen innerhalb der juris-Allianz Datenbanken mit ESV-Inhalten zum Personalvertretungsrecht auf Länder- und Bundesebene und zum Thema CSR. Auf ESV-Digital – Die Contentplattform werden in der weiteren Produktion unter anderem die Datenbanken „ESV-Digital Staatliche Förderung der Altersvorsorge und Vermögensbildung", „ESV-Digital Umsatzsteuerrecht", „ESV-Digital Knoblich Kontenrahmen" sowie „ESV-Digital DaF-DaZ" gestartet.

Die Datenbank ESV-Digital Knoblich Kontenrahmen

Aber nicht allein durch intern angestoßene Veränderungen wird das Angebot des Verlages fortentwickelt. Vielmehr geht der ESV auch komplett neue Wege. Es kommt zum Aufbau einer vertrauensvollen Verbindung: 2023 beteiligt sich der ESV am „Verlag Versorgungs- und Kommunalwirtschaft GmbH (VKW)" mit Sitz in München. Der vom ESV gehaltene Gesellschaftsanteil beträgt 49% des Stammkapitals. Mitgesellschafter ist mit einem Geschäftsanteil von 51% die Markmiller und Partner mbB Wirtschaftsprüfungsgesellschaft – Steuerberatungsgesellschaft – Rechtsanwalt, ebenfalls mit Sitz in München. Ziele der Verbindung sind für den ESV die Ausweitung der verlegerischen Betätigung und die Erbringung von verlagsspezifischen Dienstleistungen für VKW. Ziele von VKW sind verbesserte Zielgruppenzugänge und der Aufbau digitaler Kompetenzen. So ergänzt sich alles. VKW firmiert bis Anfang 2023 unter „Verlag Versorgungswirtschaft GmbH". Er besteht seit 1949 und verlegt mit seiner Gründung die gleichnamige Monatszeitschrift „Versorgungswirtschaft" für Betriebswirtschaft, Wirtschaftsrecht und Steuerrecht der Elektrizitäts-, Gas- und Wasserwerke sowie kommunaler Unternehmen. Zu diesen Bereichen erscheinen Sonderdrucke und es werden Online- und Präsenzseminare angeboten. Ebenfalls entstehen korrespondierende Buchpublikationen. Zielgruppen des Verlagsangebots sind leitende Mitarbeiter und Sachbearbeiter in Versorgungsunternehmen, kommunal geprägten Betrieben sowie Städte, Gemeinden, Landkreise und deren Organisationen sowie Berater. Aufgrund von Veränderungen in der Energiewirtschaft und der Besteuerung der öffentlichen Hand wird das Verlagsprogramm 2023 in die Bereiche „Versorgungswirtschaft" und „Gemeindewirtschaft" ausdifferenziert, die gleichnamigen Monatszeitschriften liefert fortan der ESV als Dienstleister für den neuen Partner aus. Den Anforderungen der mobil arbeitenden Zielgruppen Rechnung tragend erscheinen beide Zeitschriften als Print-Online-Bundle, der rein digitale Bezug ist ebenfalls möglich.

Auch die Prozessintegration in der Ablauforganisation des ESV rückt nach einer Art Pause wieder in den Fokus: Hatte die Corona-Pandemie die Arbeiten an der ERP-Software knkVerlag stark gebremst, so gehen die Arbeiten nach dem Abflauen der Pandemie wieder ihren gewohnten Gang. Mit viel Engagement wird die Software auf die neueste technologische Basis gehoben. Mitte 2023 ist es dann so weit: Das aktuelle Release wird in den Anwenderbereichen ausgerollt. Die Projektarbeit an der IT-DNA des ESV geht in die nächste Phase: Das Projekt Lektorat, Herstellung und Digital wird initiiert. Das Ziel: Die Ablösung des zentralen Archiv- und Redaktionssystems und iSeries-Systems.

Und noch ein weiteres Thema rückt gleich mit Beginn der Dekade mit aller Macht auf die Agenda des ESV: KI – künstliche Intelligenz. Befördert hat sie eine Art Urknall. ChatGPT von OpenAI wird 2022 für die Öffentlichkeit zur Verfügung gestellt. Plötzlich ist künstliche Intelligenz

Eine vertrauensvolle Verbindung: ESV und VKW

in aller Munde. Künstliche Intelligenz ist damit auch bei den Fachinformationsverlagen und ebenso beim ESV angekommen. Für den ESV ist schnell klar, dass künstliche Intelligenz Eingang in die Betriebsabläufe findet. Und: Enorme Chancen künstlicher Intelligenz bestehen insbesondere bei den Produktangeboten. Der ESV verfügt über die kritische Informationsbasis, um Produktangebote im Bereich künstlicher Intelligenz mit geprüften dynamischen Inhalten gezielt zu trainieren. Dementsprechend beschäftigt sich das Haus frühzeitig mit der Entwicklung von KI-Angeboten. Dennoch sind viele Fragen offen. Oftmals sind sie rechtlicher Natur – aber nicht nur. Das gesamte Publikationswesen hat sich vielgestaltig den KI-Technologien zu stellen.

Der KI-Urknall erfasst die Verlage

Die mannigfaltige Agenda des ESV zeigt vor allem eines: Wider den multiplen Krisen, denen in der laufenden Dekade Berlin, Deutschland, Europa und die Welt ausgesetzt sind, betreibt der ESV verlässlich seine Verlagstätigkeit. Kontinuierlich wird vom Haus in die Zukunft investiert und das Geschäft in der Gegenwart betrieben. Der Verlag gehört und steht auch im 100. Jahr seines Bestehens zu Deutschland, zu Berlin.

Die ESV-Leitung 2024:

Vorne mittig: Dr. Joachim Schmidt, geschäftsführender Gesellschafter

Zweite Reihe v. l.: Sven Clever, Verlagsleitung Betriebssicherheit, Dr. Carina Lehnen, Verlagsleitung Philologie

Dritte Reihe v. l.: Kristina Hornung, Verlagsleitung Recht, Sibylle Böhler, Leitung Vertrieb und Marketing, Melanie Jerzak, Leitung Personal und Verwaltung, Michael Müller, Leitung Content Management und elektronisches Publizieren

Vierte Reihe v. l.: Christiane Bowinkelmann, Leitung ESV-Akademie, Presse- und Öffentlichkeitsarbeit / Veranstaltungen, Carsten Muss-Prenzler, Abteilungsleitung Herstellung, Nico Rühlemann, Abteilungsleitung Marketing, Claudia Splittgerber, Verlagsleitung Management und Wirtschaft, Christine Marx, Verlagsleitung Steuern, Legal Counsel

© Die Hoffotografen GmbH